윤리적인 사이코패스

Rinriteki na Psychopath — Aru Seishinkai no Shisaku
© Kamiyu Ogyu 2024
All rights reserved.
Originally published in Japan by Shobunsha Inc.
Korean translation rights arranged with
Shobunsha Inc. , through Shinwon Agency Co., Ltd.
Cover illustration by kigimura

이 책의 한국어판 저작권은 Shinwon Agency Co., Ltd.를 통해
Shobunsha Inc.와의 독점계약으로
호밀밭(공감각)에 있습니다.
저작권법에 의해 한국 내에서 보호를 받는 저작물이므로
무단전재와 무단복제를 금합니다.

윤리적인 사이코패스

어느 정신과 의사의 사색

오규 가미유 지음 | 이정미 옮김

임상과 일상 사이를
오가며 써 내려간,
정신과 의사의
유머러스하면서도
진솔한 **심리 에세이**

공감각

목차

들어가며 008

1장
윤리적인 사이코패스

윤리적인 사이코패스 015

진료실의 희생자 026

상대는 다름 아닌 '요코야' 036

드롭아웃 046

상처를 주고받음에도 진료는 계속된다 057

병을 보지 말고 아픈 사람을 보라 069

수호령론 078

예지 능력 088

좋은 사람 098

사춘기와 SNS와 나 108

2장

노출의 적정선

노출의 적정선 121

어차피 대부분은 무명 130

연예인은 치아가 생명 140

다중 관계 149

'이도류'라는 착각 158

의사인 듯 형인 듯 168

선생님의 SNS 보고 있어요 177

루틴 없는 루틴 186

미용외과 의사의 SNS 195

본모습 vs 역할 204

3장

개인적인 사회 문제

개인적인 사회 문제 **217**

멘탈을 관리받는 세상 **227**

MBTI **239**

'장소'가 사라진다는 것 **250**

몸에 맞춰서 **259**

강제 의료 행위에 대한 고민 **269**

정신과 의사인 내가 책을 쓰는 이유 **279**

여행 부적응 **289**

서프라이즈 **299**

침묵하는 다수 **309**

고좋아요혈증 **318**

맺음말 328

참고문헌 334

[일러두기]
거의 모든 각주는 옮긴이의 것이며,
저자의 것일 경우 별도로 명기해 두었습니다.

들어가며

이 책을 선택해 주신 여러분, 반갑습니다. 저는 오규 가미유라고 합니다. 정신과 의사로(일주일에 한 번은 내과 의사로) 병원에서 일하며 가끔 시를 쓰고 있습니다.

이 책은 에세이집입니다. 보통 에세이 하면 유명 연예인이나 작가가 일상 속의 일을 흥미롭게 풀어내는 경우가 많은데, 저같이 아무도 몰라보는 사람이 쓴 에세이를 과연 누가 읽겠느냐는 의문이 드신다면 당연히 그럴 만합니다.

그럼에도 이 책이 나오게 된 건 그간 제가 써왔던 학술서나 시집을 보고 에세이 또한 흥미롭겠다는 판단이 있어서가 아닐까 합니다. 그리고 정신과 의사로서 제 업무와 관련된 글을 쓰길 기대하셨겠지요. 그도 그럴 것이 저는 그동안 정신과 의사로서 최대한 환자들의 개인 정보나 환자들이 자신의 이야기임을 알아볼 법한 내용을 피해서, 즉 에피소드 자체가 화제가 되지 않을 만한 내용으로 종종 잡지에 글을 쓴 적이 있습니다. 이 책에 수록된「진료실의 희생자」도 노트note[1]의 마이 스크랩북이라는 코너에 올렸던 글이지요. 이를 발전시켜서 한 권의 책으로 만들면 재밌겠다는 이야기가 나오게 된 것입니다.

다만 저는 정신과 의사는 어떤 일을 하는지 혹은 어려운 정신과 용어나 진료에 대해 설명하는 글은 되도록 피하고 싶었습니다. 그런 글은 이미 다른 분이 쓴 적 있는 데다 저만의 개성이나 색깔이 드러나지 않고 흐릿해질 것 같았기 때문입니다.

하나의 상품으로써 판매할 수 있는 에세이집이

1 다양한 콘텐츠를 올릴 수 있는 일본의 인기 웹사이트.

되려면 제 일에 관한 내용이 담겨야 하는 한편, 또 저만의 색깔을 기대하며 글을 의뢰해 주신 부분도 있을 테니 대체 어떤 내용을 쓰면 좋을지 꽤 오랫동안(대략 15분 정도?) 내적 갈등에 시달렸습니다. 그러다 고민 끝에 지금 제가 관심 있는 부분, 무엇보다 진심을 담아 쓸 수 있는 정신과 의료 분야를 주제로 삼기로 했습니다. 그래서 나온 첫 번째 주제가 '마음'을 진찰하는 것과 '병'을 진찰하는 것에 관한 이야기입니다(1장 윤리적인 사이코패스). 이어서 두 번째로는 의사가 환자에게 감추지 못하는 개인적인 측면을 다루어 보았고(2장 노출의 적정선), 마지막에는 사회에 대한 이야기를 해보고자 했습니다(3장 개인적인 사회 문제).

지금 기적적으로 이 글을 읽고 계신 여러분의 관심을 끌 만한 내용인지는 잘 모르겠습니다. 만약 책을 살지 말지 고민이 된다면 부디 아무거나 한 편만 골라 읽어 본 다음 결정하면 어떨까요(사기로 마음먹

으셨다면 한시라도 빨리 계산대 앞으로 가주세요!).

아울러 본문에서도 언급한 바 있지만(「정신과 의사인 내가 책을 쓰는 이유」 참고) 이 책은 현재 몸과 마음이 불편한 분들이 치료를 목적으로 읽을 만한 내용이 아닙니다. 그러기를 바라지도 않고요. 지금 건강이 좋지 않은 분들을 위해 쓰는 글과 일반인을 대상으로 쓰는 에세이는 전혀 다른 형태일 수밖에 없으니까요. 자칫 오해를 불러일으키거나 상처를 줄 가능성도 있으니 부디 이 책을 통해 치료를 시도하지는 말아 주시길 바랍니다.

그럼 모쪼록 재미있게 읽어 주셨으면 좋겠습니다. 목차를 보고 흥미로운 부분부터 읽어도 되고 처음부터 순서대로 읽어도 좋습니다. 어떻게든 읽어만 주신다면 감사할 따름입니다.

오규 가미유

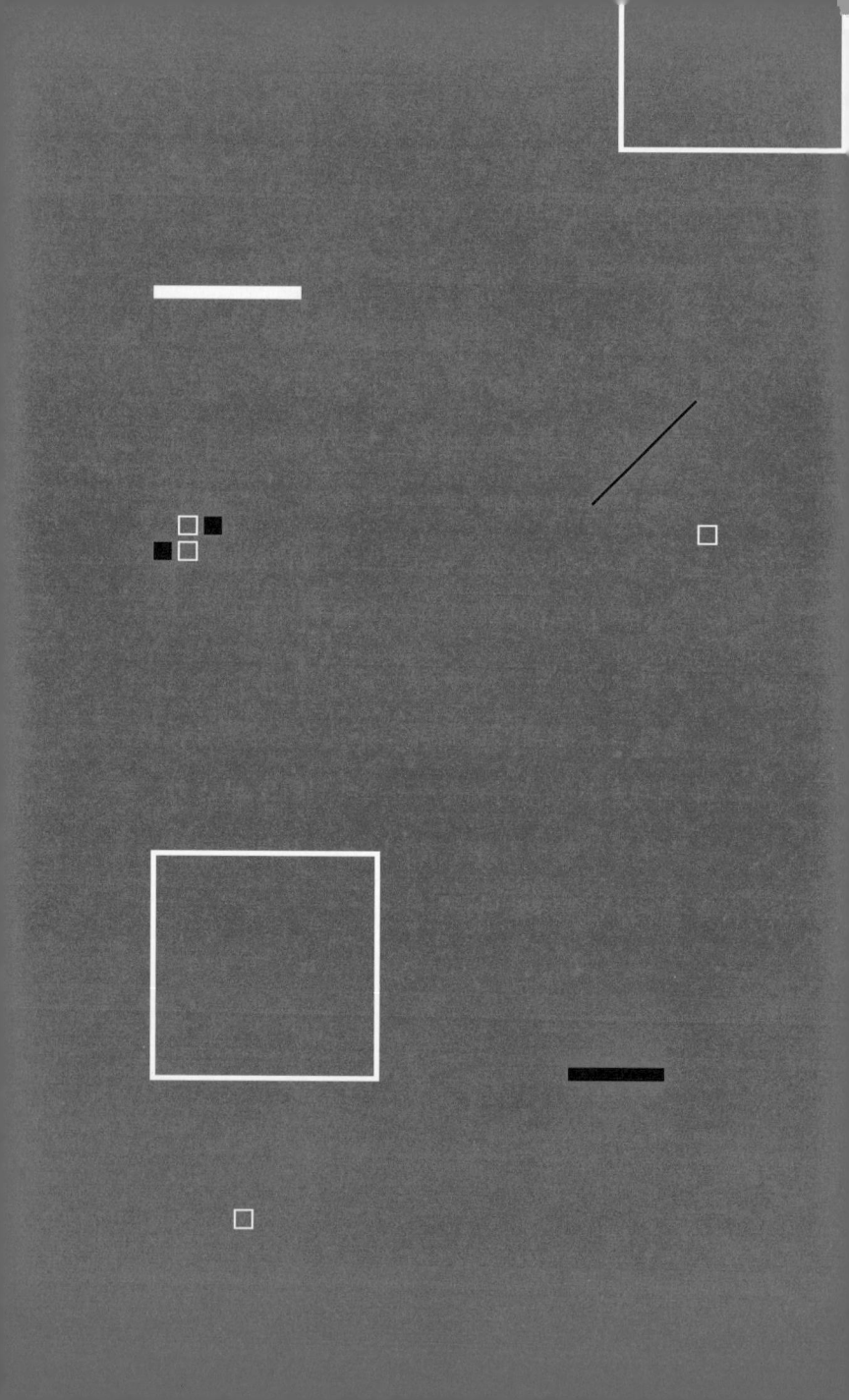

1장

윤리적인 사이코패스

윤리적인 사이코패스

딱히 할 일이 없는 건 아니지만 지금 해야 하는 일에 집중하기가 영 내키지 않을 때, 나는 각종 SNS를 50바퀴쯤 순회한다. 그러다 아무리 새로고침을 해도 새 게시물이 올라오지 않으면 굳이 읽지 않아도 될 인터넷 기사를 보거나, 인스타그램의 돋보기 모양 아이콘을 눌러 더더욱 읽을 필요가 없는 정보를 훑는다. 이를테면 '온라인 쇼핑몰 포인트만으로 생활하는 부부의 포인트 활용법', '전자레인지에 돌리기만 하면 끝! 일품! 돼지고기 덮밥', '이거 맞아? 주목해야 할 이번 주 SPA

브랜드 신상'과 같은 게시물 말이다. 그래도 이건 티끌만큼이라도 도움이 된다고 하겠는데, 어느 순간부터는 'B형 여친에게 절대 하면 안 되는 다섯 가지 멘트'라든지 '알바 중에 귀여운 선배 깜짝 카메라 찍기!'처럼 내 인생과 아무 상관도 없고 민망할 정도로 저급한 내용의 정보가 흘러 들어온다. 그럼에도 계속해서, 산 채로 잡은 대형 새우에 향신료를 마구 뿌린 뒤 굽거나 찌는 모습이 중국말과 함께 나오는 정체불명의 요리 동영상을 멍하니 보고 있다. 그러다 문득 해야 할 일과 전혀 마주하고 있지 않은 현실을 깨닫고 나면 한껏 심란해진다. 이런 짓을 하루에도 네다섯 번은 반복하는 것 같다.

얼마 전에도 그렇게 시간 낭비를 반복하던 차에 '혹시 당신도 사이코패스?'라는 글과 마주쳤다. 사이코패스의 특징을 들어 자신이 사이코패스인지 아닌지 자가 진단해 볼 수 있는 형식이었다. 한가하지 않지만 한가한(?) 관계로 곧바로 감행해 봤는데 묘하게도 자꾸 사이코패스에 가까운 대답으로 기울어

윤리적인 사이코패스

졌다. "내가 사이코패스라서 말이지" 하는 중학교 2학년생의 감정이 마음속 저편 어딘가에서 스멀스멀 피어올랐다. 왠지 그쪽이 좀 더 멋있어 보였기 때문이다.

사이코패스. 인스타그램의 잡다한 게시물에도 등장할 정도로 매우 흔히 쓰이는 개념이다. 일반적인 의미로는 공감 능력이 없고 목적을 위해서라면 수단을 가리지 않는 비상식적인 인간을 뜻한다. 정신의학 분야에서 말하는 정신병질精神病質 혹은 반사회성 인격 장애와 겹치는 부분도 있지만, 보통은 그냥 '사이코패스' 하면 '이상한 사람'이라는 뜻으로 인식될 때가 많다.

왜 나는 갑자기 사이코패스에 꽂힌 걸까. SNS를 너무 많이 본 탓도 있겠지만, 진료를 볼 때면 내가 하는 행동이 왠지 '사이코패스 같다'는 다소 중2병스러운 생각이 들 때가 있기 때문이다.

매일 보는 진료는 그야말로 '한 치 앞을 모를 정

도로 어두운' 상황 속에서 이루어진다. 말하자면 아무런 준비도 정보도 없이, 그냥 두었다가는 죽어버릴지도 모르는 환자가 갑자기 눈앞에 등장하는 식이다. 적절한 처치를 하지 않으면 실제로 환자가 죽는 경우도 있고, 이로 인해 소송을 당하면 내가 사회적으로 죽을 수도 있다. 이렇게 말하면 에구치 요스케나 야마시타 토모히사[2]를 떠올리며 드라마 속 응급실과 닥터 헬기 같은 긴박한 응급 현장을 상상하는 사람들이 많을 텐데, 이와 같이 순간의 판단이 생사를 좌우하는 상황에서는 '사이코패스'적인 행동이 정당성을 얻기도 한다.

예를 들어, 대규모 재해로 인해 현장에 셀 수 없이 많은 부상자가 발생했을 때, 그냥 두면 목숨이 위태로운 사람이 우선적으로 치료 대상이 된다. 팔이 부러졌거나 찰과상을 입은 사람, 공황 발작을 일으킨 사람 등은 뒤로 밀린다. 심지어 아직 숨은 붙

---

[2] 의학 드라마 <구명 병동 24시>, <코드 블루 – 닥터 헬기 긴급 구명>으로 유명한 일본 배우들.

윤리적인 사이코패스

어 있지만 살아날 가능성이 희박한 사람은 가장 뒷전으로 밀려난다. 이른바 '트리아지Triage[3]'다. 왜 그래야 하는지 누구나 이유는 알고 있지만 막상 자신이 당사자가 되면 우선순위에서 밀려난 상황이 매정하게만 느껴지고, 환자에게 순번을 매겨 놓은 의료진들이 마치 괴물처럼 보일 것이다.

외과 수술 현장에서도 '손상 통제 수술Damage Control Surgery'이라는 개념이 있다. 우선은 전신의 안정을 도모하기 위해 세부적인 치료는 나중으로 미루고 응급 처치 수술을 먼저 시행하는 방식이다. 이러한 점에서 트리아지와 비슷한 측면이 있다.

의료진의 이러한 판단을 두고 사이코패스 같다고 욕하는 사람은 아마 없을 것이다. 하지만 시간과 인원이 유한한 상황에서 예고 없이 절체절명의 사건이 일어나고 그 순간 사이코패스처럼 냉정하게 최선책을 찾아야 하는 일은 의료진이 매일 맞닥뜨

---

3 우선순위를 위한 응급 환자 분류 체계.

리는 일상이다. 정신과도 예외가 아니다. 많은 사람이 정신과 진료라고 하면 비교적 여유로운 장면을 상상하는데 의외로 그렇지 않다. 트리아지나 손상 통제 수술과 맞먹는 긴급 매뉴얼이 필요하며, 정신과 의사들은 다들 무의식적으로 이를 따르고 있다.

예를 들면 이렇다. 병동에서 환자가 자살 소동을 일으킨다. 이에 머리끝까지 화가 난 환자 가족은 의사에게 한바탕 따지러 오고 있는데, 하필 그날은 외래일인 데다 예약자 수가 정원의 3배를 넘어섰다. 이미 예약 시간에서 한 시간씩이나 늦어진 상황인데, 평소라면 5분이면 진료가 끝났을 환자가 갑자기 어제 죽으려고 숲까지 갔다가 돌아왔다고 털어놓기 시작한다. 진료실 밖 대기실에서는 분명히 지난번에는 안정적이었던 환자가 고함을 지르며 뛰어다니는 통에 입원을 검토해야 할 것 같고, 엎친 데 덮친 격으로 아까부터 엄청난 요의에 시달리는 중이라 새어 나오기 일보 직전이다. 이런 일들이 나에게는 일상적으로 일어난다.

요의 정도는 괜찮지 않으냐고, 어디에든 적당히 보면 되지 않느냐고 생각할지도 모르겠으나 나도 사회생활을 하는 사람으로서 그럴 수는 없다. 어떤 상황에서든 볼일을 해결하는 일이 가장 급선무라고 본다. 물론 매일 이 정도까지 모든 일이 겹치지는 않지만 나름 절박한 순간이 자주 찾아온다.

응급실처럼 육체의 죽음이 코앞까지 닥친 상황과 비교하자면 큰일은 아니라고 생각할지도 모른다. 하지만 그렇지 않다. 정신과에서도 충분히 육체의 죽음을 맞닥뜨릴 수 있다. 어떤 환자가 몸 상태나 타이밍상 누가 봐도 '중증' 혹은 '긴급'으로 분류되면, 상대적으로 다른 환자에게 쓸 수 있는 진료 시간은 줄어든다. 이로 인해 겉으로는 사소해 보이는 증상이 보내는 신호는 놓치기 쉬워지고 이것이 실제로 환자의 육체적 죽음, 즉 자살로 이어지기도 한다.

또한 응급실에서는 육체적 죽음을 막기 위해 우선순위에서 밀려난 사람들이 받는 마음의 상처는 나중의 문제라는 논리가 설득력을 갖는다. 반면 정신과에서는 모든 사람을 그럭저럭 잘 진료하기 위해서 누군가가 상처받는 상황을 어쩔 수 없다며 넘기기에는 '아니, 정신과에서 이래도 되는 거야' 하는 갈등에 부딪히고 만다.

   시간만 문제인 것도 아니다. 매일 수많은 환자의 이야기를 듣다 보면 그 힘든 마음이 눈앞의 일처럼 생생하게 전달되어 금세 기진맥진해진다. 이렇게 말하면 눈물을 흘리며 힘들었던 사연을 이야기하는 환자와 이를 안타깝게 들으며 마음 아파하는 의사의 모습을 상상하겠지만, 내가 말하는 건 그런 상황이 아니다. 현실은 이렇다.

  "선생님이 지난번에 한 말에 저 상처받았어요. 저에게 착하다고 말씀하셨는데 그게 무슨 뜻인가요? 저를 우습게 본 거 아닌가요? 당장 사과하세요!"

  진료실에 들어서자마자 환자가 뭔가 단단히 오해한 듯 대뜸 큰 소리를 지른다. 그러면 나는 두렵기도 하고 몹시 불쾌해져서는 또 이런 생각을 한다. 아, 이런 두렵고 불쾌한 기분이야말로 평소 엄한 남편이 소리를 지를 때 이 환자가 느끼는 감정이겠구나. 이처럼 환자의 고통이 눈앞에서 벌어지는 일처럼 생생하게 전달되는 것이다. 일반 사람들이야 이런 경험을 자주 하지는 않겠지만 정신의학, 특히 정신분석적 발상을 진료의 기본으로 삼는 의사들은 이런 역지사지와 같은 감정에 자주 빠진다.

하루에 약 50명의 환자를 진료하는데, 매번 이와 같은 감정을 느낀다면 반대로 나의 정신 상태가 온전치 못할 것이다. 그러므로 이럴 때는 '사이코패스'적으로 생각하며 내 정신 건강을 보호하곤 한다.

'음, 이 환자는 경계성 인격 장애[4]인 것 같군. 그래도 전에 봤던 환자에 비하면 증상이 가벼운 편이야.'

이처럼 환자의 마음을 어디까지나 '병'으로써 다루거나 특정 범주 안에 집어넣음으로써 직접적으로

---

[4] 감정의 기복이 심하고 인간관계에 어려움을 겪는 정신 장애.

그 감정과 맞닥뜨리지 않는 것이다.

'사이코패스'적으로 생각한다는 것은 결국 모든 환자의 마음을 공평하게 다루기를 포기하고 나의 시간과 체력을 최적화하기 위해 쓰는 방법이다. 사회적 업무에 해당하는 진료를 완수하기 위해서 꼭 필요하지만, 과연 환자 한 명 한 명을 최선을 다해 진찰하였느냐는 질문에는 자유롭지 못하다.

그래서 나는 이 순간 결심했다. 단순한 '사이코패스'는 되지 않겠다고. 이 순간이란 사이코패스적인 사고방식의 문제점을 간파한 순간을 말한다. 다시 말하자면 일할 때 사이코패스적인 사고방식은 분명히 필요하지만, 이로 인해 놓친 부분은 없는지 재차 검토하여 살피는 '윤리적인 사이코패스'가 되겠다고 결심한 것이다.

그리하여 이번 1장에서는 어쩔 수 없이 사이코패스적으로 생각하게 되는 나 자신과, 그럼에도 여전히 윤리적이고 싶은 나 사이의 갈등을 담았다. 중

간중간 지루해져서 관계없는 내용을 쓰기도 했는데 이를 통해서도 내가 매일같이 고뇌하는 문제들의 단면을 엿볼 수 있을 것이다.

 이런 주제로 쓴 글을 지금껏 나를 잘 따라주었던 후배에게 보여주었더니 "이런 끔찍한 생각을 하시다니 아무래도 제가 사람을 잘못 본 모양이네요. 저는 사이코패스적으로 생각하는 방법 따윈 써본 적 없는걸요. 당분간 연락하지 말아 주세요"라고 말한다. 아, 적잖이 당혹스럽다.

진료실의
희생자

진료를 예약했더라도 병원에 도착하면 대부분 오랜 시간을 기다려야 한다. 예약 시간이 11시여도 실제로 이름이 불리는 시간은 12시 30분쯤이다. 이럴 거면 예약은 왜 받는 건지 짜증이 치밀어 오르지만, 진료실을 들락날락하며 분주히 움직이는 의사의 모습을 보면 '뭐 어쩔 수 없나 보다' 하고 불만을 꿀꺽 삼킨다. 물론 가끔 도대체 언제까지 기다려야 하느냐고 간호사에게 냅다 소리를 지르는 할아버지도 있다. 그럼 차라리 저렇게 소리를 지르면 기분이 좀 나아지려나 하는 생각도 들지만, 결국 직원의 점잖은 응대에 잠시 후 머쓱하게 앉아 있는 할아버지를 마주할 때면 역시 기다리는 수밖에 없구나 하고 체념하게 된다.

의사가 된 뒤 외래에서 환자를 1시간 이상 기다리게 해보니, 학생 시절 진료를 기다리면서 품었던 의문이 다시 떠올랐다. 도대체 왜 이렇게까지 오래 기다려야 할까? 이제는 그 답을 알 수 있었다. 결론은 매우 단순했다. 바로 의사에 비해 환자가 너무 많기 때문이다.

단순히 많기만 한 것도 아니라는 게 더 어려운 문제다. 모든 환자가 지난번 진료 후 오늘까지 평온하게 생활했다면 이렇게까지 시간이 오래 걸릴 일도 없다. 지난번 처방으로 큰 문제가 없었으므로, 진료실에 들어오면 "똑같은 약으로 주세요" 하고 끝날 확률이 높기 때문이다.

시간이 오래 걸리는 분은 그사이에 무슨 일이 있었던 환자들이다. 이건 정신과든 내과든 마찬가지다. 이를테면 새로운 통증이 생겼다든가 혈변을 본다든가, 아니면 어제 자살하려고 숲에 갔다가 단념하고 돌아왔다는 등의 상황이 있었다면 의사로서는 정신을 바짝 차리지 않을 수가 없다. 이 경우에는 새로운 검사나 입원을 검토하고 가족들에게 이것저것 묻기도 하면서 추가적인 진료 시간이 필요해진다. 하루에 외래 환자가 40명이라고 가정하면 이렇게 예상치 못한 변화가 있는 환자가 적어도 3명 정도는 된다. 이들에게 많은 시간을 할애하다 보면, 다른 환자의 진료 시간은 어쩔 수 없이 짧아진다.

이렇게 얘기하면 변수를 예상해서 애초에 시간을 넉넉하게 배분해야 하지 않느냐고 지극히도 타당한 이야기를 꺼내는 분들이 있는데, 그게 또 쉽지가 않다. 의사 수에 비해서 환자 수가 너무 많아서인지 어느 병원에 가든, 어떤 의사가 외래를 보든 대부분 시간대별로 빽빽하게 예약이 들어차 있기 때문이다. 결국은 이러한 의료 문제에 대해 정부에 적극적으로 호소해야 한다는 이야기로 흐를 수밖에 없다. 아무튼 현장에서 일하는 사람으로서 일단은 환자 수가 너무 많고, 나에게는 그들을 모두 진료해야 할 의무가 있다.

진료 시간이 길어지는 환자가 생기면 그 외 다른 사람의 진료 시간은 그만큼 짧아진다. 이는 어쩔 수 없는 부분이지만, 그렇다고 모든 환자의 진료 시간이 균등하게 짧아지지는 않는다는 게 또 문제다. 짧게 봐도 괜찮아 보이는 사람들의 진료 시간은 큰 폭으로 줄어들고, 너무 짧게 봐서는 안 될 것 같은 사람들의 진료 시간은 평소와 비슷해진다.

이렇게 말하면 어떻게 들릴지 모르겠지만, 매번 외래에서는 진료 시간이 매우 짧아지는 '희생자'가 생기곤 한다. 이는 분명 옳지 않은 현상이며 모든 환자를 균등하고 평등하게 진찰해야 한다는 일반적인 기준에서 보면 말도 안 되는 이야기다. 하지만 모든 환자를 오랜 시간 보았다가는 마지막 사람이 4시간 반을 기다리는 사태가 벌어질 수도 있어서, 대부분의 의사는 무의식적으로 시간을 조절하고 있다.

이처럼 '시간이 오래 걸리는 환자'와 '오늘의 희생자'라는 시점을 갖고 진료하다 보면 매우 흥미롭게도 한 번도 진료 시간이 오래 걸렸던 적이 없는, 그러니까 매번 '희생자'의 위치에 서는 사람이 나온다. 물론 무슨 질환을 앓고 있느냐에 따라 생기는 차이도 있겠지만, 같은 질환과 증상을 보이고, 같은 처치가 내려지는데도 어떤 사람은 유독 자주 '희생자'가 되곤 하는 것이다.

나는 매번 진료가 끝나면 선배 의사와 함께 오늘 진찰한 환자들의 진료 기록부를 읽어보면서 어떻게 진찰했는지 되돌아보는 습관이 있다. 바로 이 작업을 하다가 문득 '희생자'의 존재를 깨달았다.

"더 자세히 봐 주세요! 선생님!"

이렇게 언어적 혹은 비언어적으로 표현하는 사람은 통상 '희생자'가 되기 어렵다. 의학적으로 그리 오래 진찰할 필요가 없다고 판단될지라도 좀 더 자세히 살펴달라는 기운이 느껴지면 아주 긴 시간을 할애하지는 않지만 적어도 '희생자'로 만들지는 않는다. 환자가 진료를 그다지 오래 보고 싶지 않다는 태도를 비치면서, 나 역시 그리 오래 진찰하지 않아도 되겠다는 느낌이 들면 바로 그 순간 그 사람이 '희생자'로 선정되는 것이다.

그런데 마음먹고 찬찬히 이 '희생자'에게 주목해서 진찰을 해보면 알고 보니 중요한 증상을 말하지 않았다거나, 이런저런 상담이 필요했음에도 이제껏 하지 않았다는 사실을 뒤늦게서야 알게 될 때가 있다. 매번 외래에서 '희생자'를 도맡고 있던 환자가 갑자기 급성 심근 경색으로 구급차에 실려 와서 보니, 최근 수개월 동안 피 검사를 하지 않았던 탓에 몇 개월 전부터 당뇨병과 고혈압, 고지혈증이 눈에 띄게 악화했음에도 몰랐던 일이 있었다. 또 다른 희생자는 어느 날 자살 시도를 하는 바람에 응급으로 이송됐는데 알고 보니 가정 내 문제가 심각한 지경이었다. 이런 일이 종종 벌어지곤 한다.

이럴 때면 의사들은 '망했다, 제대로 피 검사를 하고 있는지 확인해야 했는데' 하며 환자를 제대로 살피지 못한 것을 후회한다. 하지만 나는 왜 이 사람들이 매번 '희생자'로 선발됐는지에 대해 깊이 생각해 보는 것이 훨씬 중요하다고 본다.

'희생자'를 선정하는 과정은 무의식적으로 이루어지지만, 의사가 왜 이 사람을 '희생자'가 되어도 좋다고 판단했는지 곰곰이 따져보면 다음과 같은 과정을 거친다. 먼저 환자 자신도 정말로 아무렇지 않다고 판단해 그러한 분위기를 풍긴다. 그리고 이런 환자의 의도를 의사가 감각적으로 수용하는 것이다. 만약 환자가 사실은 자신에게 문제가 있음을 알고 있지만 겉으로는 괜찮은 척하는 거라면, 경험 많은 의사는 직감할 수 있는 위화감이 뿜어져 나와 오히려 '희생자'가 될 확률이 낮다. 자연스럽게 뇌가 반응하면서 "정말 괜찮으신 거예요? 무슨 일 있는 것 같은데요" 하고 되묻고 싶어진다.

그러니까 정리하자면, 말이 좀 이상해지겠지만 '희생자'가 되는 환자는 무의식중에 스스로 '희생자'가 되려고 하는 경향을 보이고 있고, 이를 토대로 환자와 의사의 무의식적인 상호작용이 일어난 결과 반복적으로 희생자가 되고 마는 것이다.

매번 희생자가 되는 사람은 가능하면 눈에 띄지 않게 살려는 태도가 몸에 배어 있는 경우가 많다. 아마 진료 현장에서 일어나는 이 현상은 그 혹은 그녀의 인생에서도 반복적으로 발생하는 일이지 않을까 싶다.

가령 형이 학대받는 가정에서 자라나 자신만은 맞고 싶지 않은 마음에 집에서 최대한 눈에 띄지 않게 생활해 왔던 아이를 예로 들 수 있다. 혹은 자신이 뭔가를 요구하면 건강이 좋지 않았던 어머니의 상태가 더욱 나빠지는 경험을 반복하다 보니 가능하면 '아무렇지 않은 척'하는 습관이 몸에 밴 아이도 있을 수 있다. 이런 아이들이 성인이 되고 나면 '진료실의 희생자'가 되는 게 아닐까 추측한다. 물론 실제로도 이런 경우에 해당하는 사람을 본 적이 있다.

이러한 어린 시절의 노력은 그야말로 살아남기 위해 적응하며 몸에 익혀온, 목숨을 건 행위와도 다름이 없다. 그래서 웬만큼 강한 자극이 아니고서는 스스로 깨닫지 못할 만큼 뼛속까지 깊게 스며들어 있다. 의사란 진료를 하다 보면 자연스럽게 눈에 띄는 사람에게 집중하기 마련이지만, 나는 가능하면 아무렇지 않아 보이는 사람들 속에 숨어 있는 '희생자'에게도 관심을 두려 한다. 본인조차 의식하지 못하고 있는 희생자의 목소리에 귀를 기울이는 것이다. 물론 때로는 그 목소리가 자신을 건드리지 말아 달라는 신호일 때도 있지만, 그것은 또 그것대로 감지해서 그 뜻이 무엇인지 판단하고 싶다.

하지만 오늘도 또 똑같은 환자가 '희생자'가 되고 말았다. '늦기 전에 이 환자 제대로 살펴봐야 하는데' 하면서도 '뭐 다음에 해도 되겠지' 하고 미루게 된다. 이는 아마도 환자와 나의 무의식적인 상호작용 때문일 것이다. 하지만 숨 돌릴 틈도 없이 긴급한 환자에게 집중해야만 하는 시간이 찾아오는 바람에 나는 '희생자'가 다음 외래를 보러 올 때까지 또 그의 존재를 깜박 잊어버린다.

상대는 다름 아닌 '요코야'

일주일 중에 6일은 외래 진료를 본다. 외래 진료는 환자가 통원하면서 진찰 받는 방식으로, 입원 진료의 반대 개념이다. 주로 환자의 이야기를 듣거나 진찰하고 검사 결과를 전달하는 자리여서, '외과 수술'이나 '응급실'과 같은 단어에서 연상되는 드라마틱한 의사의 모습은 찾아보기 어렵다. 기본적으로 자리에 앉아 있을 뿐이라 외래 진료의 풍경이 드라마나 영화화되거나 넷플릭스 오리지널 시리즈로 제작되는 경우는 드물다.

그렇다면 외래 진료에서 마주할 수 있는 드라마틱한 장면은 없을까. 물론 진료는 TV 속 장면이 아니니 반드시 극적일 필요는 없다. 하지만 그렇다고 해서 드라마 같은 상황이 없지도 않다. 오고가는 대화와, 의사와 환자의 머릿속에서 피어나는 은밀한 생각들이 곧 드라마가 된다. 적어도 나에게는 진료를 보는 도중 무슨 일이 일어날지 몰라 긴장되고 무서운 드라마 같은 순간이 자주 있다. 이는 진료가 살아있는 사람들 사이에서 일어나는 상호작용인 만큼 불가피한 부분이라고 생각한다. 물론 진료가 일상으로 자리 잡으면서 때로는 이러한 긴장감과 공포감이 나도 모르는 사이에 희미해지기도 한다. 어떤 절박한 순간을 맞닥뜨리고 나서야 지금 여기가 처음부터 한 치 앞도 알 수 없는 어둠과 같은 자리였음을 깨닫는 경우도 종종 있다.

외래 진료를 보는 상황이 실제로는 지상 250미터 상공에서 전기가 흐르는 평균대 위를 걷는 행위와 다를 바 없음을 깨닫고 나면, 무덤덤하게 해오던 진료가 갑자기 두려워진다. 왜냐하면 일단 진료가 시작되면 예측하지 못한 일, 애간장이 타는 일, 절체절명의 위기에 빠지는 일, 피가 거꾸로 치솟는 일, 5개 정도의 작업을 동시에 머릿속에서 처리해야 하는 일, 방심했다가는 말도 안 되는 사건이 터져버리는 일, 누구에게나 어려울 법한 판단을 몇 초 안에 내려야 하는 일과 같이 온갖 고난과 역경에 처하는 상황이 반복적으로 찾아오기 때문이다.

그래서 지금부터가 본론인데, 어느 날 문득 이런 생각이 들었다. 앞에서 예로 든 수많은 고난이 차례차례 나를 덮치는 날이 있는데 이건 필시 우연이 아니라고 말이다. 늘 함께 내과 진료를 보는 선배 구니마쓰 준와 선생님과 상의해 본 결과 이건 어쩌면 '요코야'의 소행일지도 모른다는 결론에 이르렀다.

'요코야' 그는 누구인가.

엄청난 액수의 돈과 인생을 걸고 지능형 게임을 벌이는 <라이어 게임>이라는 만화가 있다. '요코야'

는 여기에서 등장하는 악역의 이름이다. 그는 온갖 교활한 수단을 사용하면서 때로는 동료조차 기만하는 비열한 인간으로, A라고 생각했는데 B였고 하지만 진실은 A였다가, 모든 게 거짓이었고 결국은 C였다는 등의 복잡한 속임수를 벌이면서 주인공 팀인 아키야마와 상상 이상의 지능전을 펼친다. 바로 이 요코야가 외래 진료 때마다 반복되는 고난을 설치해 두는 게 분명하다고 생각해야 비로소 납득이 갈 때가 많다.

한 명 한 명의 환자가 아니라 그날의 환자 리스트를 한 묶음으로 보는 발상은 의료진들이 자주 하는 생각이다. 바로 이 리스트를 조종하고 있는 수수께끼의 인물 '요코야'를 경계해야만 방심하다가 발을 헛디뎌 상공 250미터에서 떨어지는 사태를 피할 수 있다. 뭐, 괜찮겠지 싶은 환자라도 '아니지, 아니지. 상대는 요코야잖아. 어디에 어떤 함정을 파 놓았을지 모르는 거야' 하고 대비하는 것이다. 가령 피 검사를 할지 말지 고민이 되는 환자가 있다면 '일단 해

두는 게 좋겠어. 요코야가 무슨 수를 써놓았을지 모르니까'라고 판단하는 식이다. 실제로 이렇게 해서 문제를 피해 갔던 적이 몇 번이나 있다. 환자를 진료실로 부르기 전에 '아, 늘 약만 받아 가는 그 분이네' 하는 생각이 들더라도 '아냐, 아냐. 요코야란 말이야. 오늘은 안 좋은 상황이 펼쳐질지도 몰라' 하고 생각해 두면 미리 각오를 다져둘 수 있다. 어쩌면 이번에는 환자의 가족이 진료실로 들어와서는 지난번 진찰 때 추가한 약의 부작용으로 환자의 상태가 매우 나빠졌다며, 나를 구석에 몰고 추궁할지도 모를 일이다.

요코야는 진료 외의 다양한 상황에도 손을 뻗친다. 외래를 총괄하는 진료부장이 코로나에 걸렸을 때는 이 역시 요코야의 비열한 수작임을 알고 정신을 바짝 차려야 한다. 묘하게도 초진 환자가 적은 날에는 이렇게 방심하게 해 놓고서 오후에 한꺼번에 환자를 몰리게 해서 외래 진료를 마비시키려는 작전임을 예측할 수 있다. 인근에서 축제가 열리는 바람에 차가 꽉 막혀 지각할 것 같은 날에는 이렇게 나를 조마조마하게 만들어서 영혼이 반쯤 떠난 상태로 외래를 시작하게 하여 실수를 부추기려는 작전임을 눈치채야 하는 것이다.

의사도 인간인지라 몸 상태가 나쁘거나 잠이 부족해 뇌가 정지해 버린 것 같은 날도 있다. 그런 날에는 '요코야가 내가 오늘 컨디션이 안 좋다는 걸 알고 돌연 공격해 올지도 모르니 어떻게든 정신 차려야 해' 하고 생각하는 덕분에 결과적으로는 큰일이 생기지 않는 경우도 많다.

반대로 '단순한 바이러스 감염으로 보이지만, 만약 요코야의 소행이라면 심근염이 왔을지도 몰라' 하고 지나치게 경계한 탓에 가벼운 감기 환자에게 심전도 검사를 하는 과잉 진료를 할 때도 있다. 이때는 단순 감기에 과하게 대응하는 이 상황조차 요코야의 작전 중 일부였다는 생각이 들면서 그가 나를 맘껏 비웃는 모습이 떠올라 분해 죽을 맛이다.

환자 한 명 한 명을 깊이 관찰하는 일도 당연히 중요하지만, 이와 마찬가지로 하루에 오는 환자 전체의 흐름을 읽거나 동향을 주시할 필요도 있다. 의사에게는 수백 회에서 수천 회에 달하는 환자 리스트에 대한 기억이 축적되어 있다 보니 '이렇게 아무 일도 없다니, 오늘 좀 이상한데' 혹은 '평소랑 다르게 너무 바쁜데'처럼 무의식적으로 평균에서 얼마만큼 벗어났는지를 계산하는 기준점을 가지고 있다.

기준점에서 한참 벗어났음을 감지하면 의사들은 단순히 '오늘은 운 좋게 한가하네' 혹은 '대체 왜 이렇게 바쁘지?'라고만 생각하지 않는다. 물이 아래로 흐르듯 지극히도 당연하게 이를 상쇄시키는 뭔가가 일어날 것임을 예상한다. 이는 만약을 위한 마음의 준비이기도 하지만, 그보다는 실제로 무슨 일이 벌어질지 예측하는 쪽에 가깝다. 이 기준점으로 포착한 평균으로부터의 일탈을 의식하게 만드는 도구가 '요코야가 환자 리스트를 조종하고 있다'라는 발상인 것이다.

그런데 이러한 생각이 윤리적으로는 어떻게 받아들여질까. 애초에 환자를 뭉뚱그려 하나의 리스트로써 파악하는 일 자체가 한 명 한 명의 환자를 무시한 처사가 아니냐며 비판받기 충분하다. 앞에서 다룬 '희생자'에 관한 이야기도 '여럿을 위해 누군가는 희생해야 한다는 논리가 과연 정당한가'라는 트롤리 문제[5]로 이어질 수 있다. 또는 큰 사고가 발생했을 때 누구부터 치료할지를 정하는 트리아지 논의와도 맥락이 같다.

트리아지가 그렇듯이 치료를 위해서라면 그에 대한 정당성은 얼마든지 주장할 수 있고, 실제로 그래야만 한다고까지 이야기할 수 있다. 하지만 환자를 리스트로써 파악하고 외래 진료 양상을 관리하려 들면서 환자 개개인의 목소리에는 귀 기울이지 않는 상황이라면 어떨까. 실제로 의료진이 자신에게 유리한 형태로 진료 상황을 유도하는 현실은 분

---

[5] '기차를 멈출 수 없다면 소수와 다수 중 누구를 희생시켜야 하는가'라는 윤리학적 문제.

명히 존재한다. 이 경우에는 모든 환자를 성심성의껏 진료하였느냐는 질문에서 벗어날 수 없는 것도 사실이다.

'윤리적인 사이코패스'가 되겠다는 결심은 내가 서 있는 이러한 현실을 부인하지 않고 직시하겠다는 다짐이다. 나아가 '희생자'의 존재를 의식하고 나의 진료 상황을 되돌아보거나 '요코야'의 영향력을 염두에 두고 원래라면 하지 않았을 진료를 추가하는 일이다. 마음으로는 환자의 고통을 받아들이면서도 행동은 사이코패스처럼 하는 방식이라고 할 수 있다.

나는 의사로서 외래 진료 현장에 있지만, 나도 모르는 사이에 흰 가운이 벗겨지고 날것 그대로의 인간으로서 전기가 흐르는 평균대 위에서 환자와 마주하는 상황에 놓이기도 한다. 의사 가운을 계속해서 입기 위해서 사이코패스적인 사고방식을 따르기도 하고, 어느 순간 가운이 벗겨졌을 때 의사로서

해서는 안 될 일을 하지 않기 위해서 직업윤리를 따르기도 한다. 늘 양쪽의 칼날을 연마해 두어야 하는 셈이다.

내일도 어김없이 요코야가 아침부터 수작을 걸어 올 것이다. 병원에 도착한 순간 병동의 환자가 급변하여 구급차에 실려 올지도 모른다. 영문 모를 이유로 진료실 앞에 경찰이 대기하고 있다가 예상치 못한 질문을 퍼부을 수도 있다. 이런 상황을 상상하면서 잠을 청하니 도통 잠이 오지 않는다. 분명 이 역시 요코야의 소행이 틀림없다.

드롭아웃

언제부턴가 오지 않는 환자들이 있다. 그러고 보니 2주마다 오던 분이 최근에는 전혀 소식이 없길래 진료기록부를 봤더니 벌써 4개월이나 방문하지 않았다. '이쯤 되면 눈치챘어야 하지 않나, 대체 무슨 생각으로 사는 거야' 싶겠지만 이게 또 자연스럽게 잊어버리게 된다. 예약일에 오지 않는 경우는 꽤 흔한 일이다. 대개는 얼마 지나지 않아 "죄송합니다, 깜박했어요" 하는 전화가 오고 다시 예약을 잡을 때가 많아서 예약 환자가 내원하지 않더라도 일단은 상황을 좀 지켜보는 편이다. 그러는 동안 4개월이나 흘러 버렸다.

병원에 오지 않으면 그날 바로 "오늘 예약일인데 무슨 일 있으세요?" 하고 전화하는 방법도 있지만, 나는 그렇게 하지 않는다. 왜 그럴까. 깊이 생각해 보진 않았지만 일단은 내가 전화하는 걸 별로 좋아하지 않아서 무의식적으로 피하는 것 같다. 그리고 단순하게는 애초에 진찰받는 사람이 많으므로, 그날 오지 않거나 오는 걸 깜박한 사람의 수도 그만큼 많아서 그때마다 일일이 전화를 걸기가 어려운 측면이 있다. 덧붙여 어디까지나 진료는 본인의 선택이므로 내가 그렇게까지 과하게 개입할 필요는 없지 않을까 하는 생각도 있다.

2주에 한 번씩 오던 분이 4개월이나 오지 않았다는 건 일반적으로 '이젠 오지 않겠다'라는 뜻이다. 몇 년 정도 시간이 흐른 뒤 다시 진료를 부탁하는 경우도 있지만 보통은 더 이상 오지 않는다. 즉, '드롭아웃'이다.

의사가 통원이 필요하다고 판단한 환자가 스스로

통원을 포기하고 오지 않는 상황을 '드롭아웃'이라고 한다. 이 말을 정확히 언제 어디서 배웠는지는 잘 기억나지 않는다. 아마도 정신과를 선택하기 전인 인턴 시절이었던 것 같다. 아니다. 돌이켜보면 내과나 외과 선생님이 드롭아웃을 진료상의 문제로 삼는 경우는 거의 없었으니, 정신과 의사가 되고 나서 익힌 용어일 가능성이 높다. 가끔 '드롭박스'나 '에어드롭'이라는 말과 헷갈리기도 한다. 음, 나만 그런가?

드롭아웃이 발생하는 이유는 당연히 여러 가지인데, 내가 직접 정신과 의사에게 진료를 받는다고 가정하면 쉽게 이해가 간다. 예를 들면 직장 상사의 괴롭힘을 견디다 못해 복통이 자주 와서 내과에 갔더니 "심리적으로 오는 복통이니 정신과에 가보세요"라는 말을 들었다고 하자. '너무하네. 힘든데 그냥 내과에서 좀 봐주지……' 하는 생각이 들겠지만 내과는 마음이 아픈 사람을 진료하는 곳이 아니므로 당연히 봐 줄 리가 없다. 하는 수 없이 몇 번을 망설이다가 '정신과는 대체 어떤 곳일까. 멘탈리스트 같은 사람이 내 마음을 다 들춰보면 어떡하지. 내 이야기를 잘 들어주기는 할까' 하는 불안감을 잔뜩 안은 채 초진을 예약한다.

  그렇게 처음으로 만난 정신과 의사가 민소매에 찢어진 청바지를 입고 있다면 어떨까. 게다가 마쓰다 유사쿠[6]나 쓸법한 모자를 쓰고는 담배를 문 채 무뚝뚝한 목소리로 "당신 뭐야? 왜 날 찾아왔지?" 하는 식으로 말하는 것이다. 그럼에도 꾹 참고 지금 마음이 얼마나 힘든지 털어놓았더니 이번에는 기분 나쁘게 웃으면서 "나 참, 재밌는 사람이네"라는 식의 엉뚱한 말만 늘어놓는다. 그러면 보통은 '저 의사 정상이 아닌 것 같아. 기분 나쁘고 불쾌해. 무서워' 하며 마음의 고민을 털어놓기는커녕 다음 진료는 받으러 가지 않을 게 뻔하다. 뭐, 이 경우는 내 상상이 지나쳤을 수도 있다.

[6] 1970~1980년대에 사랑받았던 일본의 국민 남배우.

그렇다면 반대로 아주 점잖고 성실해 보이는 정신과 의사를 만났다고 하자. 친절하고 상냥하게 이야기를 들어주기에 참 다행이다 싶었는데, 알고 보니 100% 자비로 진료를 받아야 하는 클리닉이라서 비용이 10만 원 가까이 나온 데다 매주 한 번씩 오라고 한다. 이 경우에도 '너무 비싸네. 계속 오기 부담스러운데' 하는 생각이 들기 마련이다. 혹은 갈 때마다 진료실에서 돼지고기 생강구이 냄새가 심하게 나는 바람에 도저히 참기 힘들어서 세 번 만에 발길을 끊는 사람도 있을 것이다.

여러 번 진료를 받으면서 나름 의사에 대한 신뢰가 쌓였더라도 환자는 언제든지 통원을 포기할 수 있다. 가령 의사가 "아이고, 참 예쁜 얼굴로 과격한 말씀을 잘하시네요"라는 말을 내뱉은 순간, '뭐야, 내 얼굴을 평가하고 있었어? 기분 나쁜데. 내가 다시 이 병원에 오나 봐라' 하는 일도 생길 수 있다. 또 약을 먹으면 다리가 저리는 점만 빼면 그럭저럭 괜찮길래 약을 좀 바꿔 달라고 했더니 갑자기 의사의 안색이 굳어지면서 화를 낸다면 당연하게도 다리가 저리지 않는 약으로 처방해 주는 다른 의사를 찾아가고 싶을 것이다. 이 외에도 진료일을 놓쳤는데 다시 예약을 잡기가 귀찮을 수도 있고, 예약일을 깜박한 걸로 혼이라도 날까 봐 다시 예약을 잡지 못한 채로 시간을 끌다 결국 드롭아웃을 선택하는 환자도 있을 것이다.

지금까지 언급한 드롭아웃의 이유는 누구나 이해할 만한 사정이다. 이렇게 나름 명확한 이유만 있다면 성실한 의사가 점심으로 진료실에서 돼지고기 생강구이 도시락을 먹지 않음으로써 드롭아웃의 비율은 이론상 0%에 가까워질 것이다. 하지만 현실은 또 그렇지 않다는 게 재미있는 부분이다. 다시 말해 드롭아웃을 당하지 않는 정신과 의사는 세상 어디에도 없다.

초진을 받고 나서는 오지 않는 사람, 다섯 번 정도 병원을 찾은 후로는 쭉 소식이 없는 사람, 1년 정도 꾸준히 다니다가도 어느 날 발길을 뚝 끊는 사람, 몇 년 동안 진료를 받았는데 어느 시점 이후로는 오지 않는 사람 등 똑같은 드롭아웃이라도 얼마나 오랫동안 병원에 다니다가 드롭아웃을 했는지에 따라 원인이 갈린다. 특히 아주 오랫동안 진료를 받다가 갑자기 오지 않는다면 여기에는 누구나 공감할 만한 이유가 아니라, 매우 '미묘한 감각'이 드롭아웃의 원인을 제공했을 가능성이 높다.

여기서 내가 '미묘한 이유'가 아니라 '미묘한 감각'이라고 쓴 것은 본인조차 인식하지 못할 만큼 '뭔가 아닌 느낌' 혹은 '뭔가 불쾌한 느낌'이 차곡차곡 쌓이다가 어느 날 드롭아웃을 불러일으킨 게 아닐까 생각하기 때문이다. 그리고 대개 그 '뭔가 아닌 느낌'이나 '뭔가 불쾌한 느낌'은 사실 언어로는 쉽게 표현할 수 없다는 걸 드롭아웃을 택한 환자들을 되돌아보면서 깨달았다.

일례로 회사 상사에 대한 불만으로 몸이 아파서 일주일에 한 번씩 통원 치료를 받았던 분이 있었다.

"속이 시원해질 때까지 때려주고 싶어요. 아주 그냥 내 속에 있는 말을 다 내뱉고 싶다니까요."

그분이 한번은 이렇게 흥분해서 말하기에 내가 다음과 같이 대답했다.

"그러지 않는 게 좋아요. 그랬다가는 해고로만 끝나지 않을 테니까요."

나는 상식적인 차원에서 평범한 조언을 했다고 생각했는데 곧바로 드롭아웃을 당했다. 물론 정답이야 없겠지만 나중에 되돌아보니 그분의 무의식적인 호소에 좀 더 귀 기울여야 했다는 생각이 들었다. 말하자면 '내 속에 있는 말을 다 내뱉고 싶다'라며 상사를 향해 던진 말이 사실은 하고 싶은 말을 다 하지 못하는 진료에 대한 불만이었는지도 모른다. 나에게 그 말이 하고 싶었는데 당시에는 내가 알아차리지 못했던 것이다. 이렇게 한참이 지나고 나서야 그때의 상황을 구조적으로 이해하기도 한다.

며칠 전 내가 근무하는 병원에서 그동안 찾아왔던 외래 환자들을 되돌아보는 자리가 있었다. 거기서 보니 나의 경우 드롭아웃을 택하는 환자들 대부분이 30~50대 남성이었다. 보통은 몇 개월 통원 치료를 받다가 드롭아웃을 택했다. 물론 개별로도 검토는 했지만, 이처럼 일정한 특성이 두드러지기에 이것이 어떤 경향을 의미하는지 생각하지 않을 수 없었다. 여러 가지 이유를 고민하다 보니, 크든 작든 상처를 입고 병원을 찾은 중년 남성이 기댈 수 있는 상대가 같은 세대 혹은 연하의 남성은 아닐 것이라는 생각에 이르렀다. 단순하게 말하자면 그들의 자존심이 차마 나를 허락하지 못하는 것이다.

크게 보자면 정신과 병원에는 자존심에 상처를 입고 오는 사람이 많다. 그런 이들이 진료 후 구글에서 내 이름을 검색해 보면 내가 성공한 인물로만 보일 것이고(물론 이는 내 생각과는 전혀 다르다) 이런 사람이 내 마음을 어떻게 알겠냐는 감정이 들 것이다. 혹은 굳이 나에 대해 찾아보지 않더라도 의사로서 부족함 없이 일하고 있는 '듯' 보이는 내 모습에 선뜻 마음을 열지 못했을 수도 있다.

이렇게 쓰면 나르시시스트 아니냐며 자신이 질투와 선망의 대상일 거라 착각하는 건 자기애가 과하다고 할지 모르겠다. 하지만 내가 나를 어떻게 생각하느냐와는 상관없이 제삼자에게 내가 그렇게 비칠 때가 많다는 건 정신과 진료를 하면서 반드시 염두에 두어야 하는 사실이다. 이와 마찬가지로 빼어난 외모를 가진 정신과 의사는 스스로는 겸손해지고자 하거나 실제로는 자기를 낮게 평가해서 못생겼다고 생각할지라도 환자에게는 자신이 아름다운 사람으로 비칠 수 있다는 점을 인식해야만 한다.

아마도 내가 70대가 되면 30~50대 남성의 드롭아웃 비율은 떨어질 것이다. 반대로 현재 드롭아웃률이 낮은 젊은 여성들은 더 이상 나를 찾지 않을지도 모른다. 다만 젊은 여성들의 드롭아웃률이 낮은 것이 진료에 긍정적인 영향을 주고 있는지는 확신하기 어렵다. 적어도 '의사'로서가 아니라 '나'라는 개인이 가진 인간적인 측면이 일정 부분 드롭아웃에 영향을 끼

치고 있다는 사실만큼은 분명해 보인다.

확실히 진료에 능숙해질수록 드롭아웃률은 점점 떨어진다. 반면 연령과 성별처럼 내가 어쩌지 못하는 특성이 환자의 드롭아웃에 크게 기여한다는 사실도 틀림없어 보인다. 어쩌면 이처럼 개인적으로 어쩔 수 없는 부분을 논하는 것 자체가 드롭아웃을 당함으로써 내가 받은 상처를 회피하기 위한 방책인지도 모르겠다. 역시 환자들을 리스트로써 파악하거나 일정한 특성으로 묶어 분류할 때는 각별한 주의가 필요함을 새삼 느낀다.

이러한 이야기를 하는 도중에도 최근 들어 오지 않는 환자들이 머릿속에 떠오른다. 진료기록부를 확인해야겠다 싶었는데 도무지 이름이 기억나지 않는다. 하는 수 없이 날짜별로 정리된 리스트에서 찾아보았는데 몇 년 치를 거슬러 올라가도 그 사람으로 추정되는 이름을 찾을 수가 없다. 혹시 애초에 그런 환자가 없었던 게 아닐까. 아, 내 기억조차 확신할 수가 없다.

상처를
주고받음에도
진료는 계속된다

정신과 의사의 말은 외과 의사의 메스와도 같다. 이는 정신요법[7]도 외과 수술과 다를 바 없다는 뜻으로 우리 업계에서 흔히 쓰는 비유 표현이다. 지도의가 초보 의사에게 훈계용으로 쓰기도 하고, 멋있는 말을 남기고 싶어 하는 의사들이 SNS에 자주 올리기도 한다.

그런데 너무 자주 쓰여서일까, 처음에 비하면 그 임팩트가 약해져서 지금은 거의 알맹이는 없고 뼈

---

[7] 약물과 같은 물리적 수단이 아니라 말과 태도를 이용해서 심리적으로 치료하는 방법. (저자 주)

대만 남은 느낌이다. 실제로 의사의 말이 언제든지 환자를 공격할 수 있고 치명적인 상처를 입힐 수 있음을 진료 현장에서 늘 가슴에 품고 있는 사람은, 나를 포함해서 그리 많지 않은 것 같다.

그래봤자 결국에는 말이기 때문이다. 일반적인 느낌으로는 피부나 장기에 상처를 입히는 일에 비하면 가벼운 일로 여겨진다. 그것도 꽤 많이 가볍다. 첫 환자를 진료할 때는 말에 세심한 주의를 기울이다가도 익숙해진 환자를 진찰하거나 피로가 점점 쌓이면 무심코 말을 내뱉게 되면서, 나도 모르게 평소에 말하듯이 나불나불한다.

그렇지만 우리의 말은 메스와도 같아서, 되는대로 마구 지껄이는 것은 진료실에서 아무렇게나 메스를 휘두르는 행위와 다를 바가 없다. 칼끝이 환자의 볼을 스치거나 때로는 불행하게도 가슴을 푹 찌르기도 한다.

"3년 전, 처음으로 선생님이 하셨던 말씀이 아직도 가끔 생각나요."

갑자기 환자가 이런 말을 꺼내면 아이고, 이거 큰일났다. 내가 무심코 휘두른 메스의 칼끝이 이제 나를 향해 다가오고 있구나 싶다. 그런데 어떡하지, 나는 내가 무슨 말을 했는지 하나도 기억나질 않는데. 아이고 큰일이네, 큰일이야. 그렇게 공포심에 벌벌 떨면서도 겉으로는 태연한 척 의미를 알 수 없는 맞장구를 치고 있으면, 실은 3년 전에 내가 한 말에 큰 위안을 받았다는 긍정적인 내용이어서 휴, 가슴을 쓸어내리기도 한다. 그런데 가만히 생각해 보면 결코 안심할 상황이 아니다. 내가 휘두른 메스 중에 무엇이 환자를 상처 입혔고, 무엇이 환자의 마음을 달래주었는지 정작 나 자신은 아무것도 모른다는 사실에는 변함이 없기 때문이다.

당연히 내 실력이 부족한 탓도 있겠지만, 정신과 의사가 휘두른 메스와도 같은 말이 환자에게 어떻게 작용할지 예측하는 것은 외과 의사가 수술로 병소를 잘라내는 것보다 훨씬 파악하기 어렵다. 그러니까 도통 알 수가 없다. 외과 수술에서도 의도한 대로 잘되지 않을 때나 예상치 못했던 생체반응이 나타날 때가 간혹 있겠지만, 의사가 자기도 모르는 사이에 큰 혈관을 자르는 바람에 3년 후에 갑자기 합병증으로 환자가 사망하는 일은 없지 않을까. 외과의가 혈관을 건드리지 않도록 조심조심 결합 조직을 떼어내듯 정신과 진료 중에도 생명과 직결되는 혈관을 자르지 않도록 신중히 말을 골라서 하지만, 그럼에도 동맥을 뚝 끊어서 심각한 출혈을 일으키고는 이를 한참이 지나고 나서야 알게 되는 경우가 있다.

어떤 말이 상처를 줄지 알 수 없으니, 애초에 상처가 될 만한 말은 일절 하지 않으면 그만이다. 하지만 그런 식으로는 치료가 어렵기도 하고, 때로는 이 말이 환자에게 상처가 되리라는 걸 알면서도 해야 한다. 물론 이 경우에도 정말로 이 말을 하는 게 맞는지 충분히 고심해야 한다. 해야만 한다고 강하게 느껴질수록 냉정히 생각해 보면 그저 내가 이 말을 하고 싶을 뿐일 때도 종종 있기 때문이다.

환자에게 상처가 될지도 모르는 말을 할 때는 환자의 반응을 살펴서 출혈량을 계산해야 한다. 말하자면, 일단 한 혈관을 자른 다음 어떻게 되는지 지켜보는 것이다. 출혈이 있다고 해서 바로 그만두지는 않고 이를 바탕으로 다음에는 어느 쪽 혈관을 자를지 정한다. 문제는 환자의 반응이 확실하면 좋은데 보통은 미세하고 간접적일 때가 많아서 경우에 따라서는 누가 봐도 애매할 때가 있다는 것이다. 환자들은 표현을 잘 하지 않는다. 상처받았다든지, 위로가 됐다는 말을 그 자리에서 바로 해주는 사람은 드물어서 대부분은 아무런 말을 하지 않는다. 또 상처를 받은 본인조차 자신이 상처받았다는 사실을 뒤늦게 깨닫기도 하고, 상처라고 생각했는데 지나고 보니 위로가 됐거나 그 반대인 경우도 있다.

환자가 말을 해줘야 알 텐데 피드백이 오질 않으니 똑같은 곳에 똑같은 메스를 들이미는 일이 생긴다. 결국 중요한 건 환자가 말하지 않아도 충분히 발생할 수 있는 미세한 출혈 신호를 감지하고, 다음 번 메스를 휘두를 때 방향을 미세하게 조절하는 것이다. 그리고 또다시 출혈 신호가 감지되면 위와 같은 과정을 반복하는 수밖에 없다.

 정신과 의사는 환자 앞에서 하는 모든 언동이 환자에게 메스를 대는 행위와 다를 바 없음을 잘 알고 있다. 또한 외과 수술과는 다르게 아무리 조심해도 수백 명 혹은 수천 명 중 한 명에게는 엉뚱한 혈관을 잘라버리는 실수를 범할 수 있음을 인지하고 있다. 이는 인력으로는 막을 수 없는 일일 것이다. 이러한 위험을 감수해야 하는 숙명과, 스스로가 나약한 존재임을 알면서도 계속해서 메스를 쥘 수밖에 없다.
 외과 의사가 잘라서는 안 되는 혈관을 건드렸다가는 곧바로 큰일이 난다. 하지만 정신과 의사는 실수로 혈관을 잘랐다고 해서 눈에 보이는 육체적 죽음이 바로 찾아오는 건 아니다. 그래서 절대 잘라서는 안 되는 혈관을 잘라 환자의 마음을 죽이는 행위가 과소평가되기도 한다.

의사는 기본적으로 자신을 의료진이라는 위치에 두고, 그 관점에서 환자의 질환을 평가하고자 하지만 때로는 흰 가운이 벗겨지고 날것 그대로의 인간이 되는 순간도 찾아온다. 인간이란 상호 간의 대화에 크게 영향을 받는 존재이므로, 당연히 의사도 때로는 정처 없이 흔들릴 때가 있다. 아차 하는 순간 화가 치밀어 올라 엉뚱한 혈관을 잘라버리는 실수도 충분히 일어날 수 있다. 사람 대 사람이 대치하는 경우에는 이렇듯 항상 위험이 도사리는 것이다. 환자의 마음을 상대하다 보면, 흰 가운만 계속 입은 채로 의사의 시각만 유지해서는 더 이상 환자의 마음을 이해하지 못하는 한계점이 찾아온다. 그렇다고 의사 가운을 벗어 던진 채 진료에 임했다가는 아마추어처럼 보일 수 있으니, 일단은 가운을 입었다 벗었다 하며 재킷 댄스를 추듯 진료에 임하는 쪽이 절충안으로 보인다. 참고로 재킷 댄스를 상상할 때 내 머릿속에는 고 히로미와 JO1이 떠올랐는데 둘

다 다른 의미에서 이 책을 읽는 분들이 전혀 생각지도 못할 아티스트라[8] 언급하지 않을 작정이었는데, 결국 또 이렇게 다 말하는 중이다.

반대로 의사가 진료 중 자신의 마음을 지키려면 재킷 댄스와 같은 번거로운 일은 당장 그만두고 흰 가운을 두 벌 정도 껴입는 편이 낫다. 요새는 반팔로 된 브이넥 의사복도 많이 나오니 그리 어렵진 않을 것이다. 아마도 많은 의사들이 오히려 이 전략을 선호하지 않을까. 의사도 인간인지라 현장에서 환자와 대화하다 보면 상처받는 일이 생기기 때문이다.

"아픈 사람들의 이야기를 듣다 보면 본인도 병이 날 것 같진 않나요?"

예나 지금이나 정신과 의사가 일반인에게 가장 자주 듣는 질문이다. 이런 질문을 받을 때면 나는

---

[8] 고 히로미는 1970~80년대를 풍미했던 일본 남성 가수이고, JO1은 2020년에 데뷔한 11인조 한일 공동 제작 보이 그룹이다.

윤리적인 사이코패스

늘 적당히 둘러대 왔다.

"말만으로도 다른 사람을 아프게 하는 사람은 의외로 정신과에 잘 오지 않더라고요."

"노련한 의사들은 같은 인간으로서 환자를 보기보다는 어디까지나 '병을 진찰한다'라는 감각으로 환자를 대하기 때문에 무슨 말을 하든 크게 신경 쓰지 않습니다."

즉, 의사 가운을 벗어 던진 채 사람 대 사람으로 환자를 대하면서 상처받거나 상처 주는 의사는 프로가 아니라는 말을 하곤 했다. 하지만 내 말이 누군가에게 상처가 될지도 모르고, 이미 상처를 주었을지도 모르는 상황 속에서 계속 갇혀 산다면 틀림없이 병이 날 것이다. 물론 아닌 사람도 있겠지만 적어도 나는 그럴 것 같다. 그래서 아플 것 같으면 나는 일단 한발 물러선다.

'이 상황은 내가 직접 겪어보지 않고서는 알 수 없겠는걸.'

이렇게 내 입장을 정당화시키는 것이다. 그야말

로 의사 가운을 제대로 갖춰 입는다고 할 수 있겠다. '희생자'나 '요코야'에 관한 이야기도 다 같은 맥락이다. 어쩔 수 없이 이러한 상황이 벌어지고 있음을 받아들여야 한다. 그리고 한 발짝 물러서서 거리를 두고 생각해 보면 마음이 조금 편해지고 오히려 다음 단계로 쉽게 나아갈 수 있으며 시야가 넓어지기도 한다. 이와 같은 태도는 의사의 '멘탈'이 무너지지 않도록 스스로를 보호하는 장치로써, 정신과 의사가 맨 처음에 익혀두어야 할 요령이라고 생각한다.

하지만 이러한 장치를 사용하다 보면 '어떠한 상황이 와도 절대 의사 가운을 벗지 않겠다'라고 무턱대고 부정하는 상황이 벌어질 수 있다. 또 반대로 두 벌로 꼭꼭 껴입었던 의사 가운을 훌러덩 벗어 던지고 '환자의 사적인 문제 때문에 진료를 계속하기가 어렵다'라고 말하는 경우도 있을 수 있다. 결국 스스로 자신의 상태를 확인하고 곰곰이 따지면서 질문하는 과정을 멈추지 말아야 한다. 그리하여 이쯤에서 다시 필요해지는 것이 입었다 벗었다 하는 재킷 댄스! 가능하면 이를 의도적으로 해보거나, 아니면 무의식적으로 해본 직후에 깨달아야 한다.

  이 책을 포함해 내가 쓴 글 모두 환자들이 읽을 가능성이 있고 이로 인해 상처받을 가능성도 있다. 이럴 바에야 쓰지 않는 게 좋겠지만 또 이렇게 쓰고 마는 이유는 이러한 글이 사회에 필요해서라기보다는, 나에게는 글을 쓰고 싶은 욕망이 있기 때문이다. 다시 말해 내 욕망 때문에 글을 써서 환자에게 상처를 입히는 일이 생길 수도 있는 셈이니 참 어처구니없는 상황이 아닐 수 없다. 하지만 이러한 현실을 지나치게 의식하면 나는 더 이상 한 글자도 쓸 수가 없다. 그건 또 그것대로 싫어서 글 쓰는 일 또한 입었다 벗었다 애매하게 하고 있는 것이다.

  '뭐 그래도 괜찮겠지' 하고 느슨하게 태도를 취하면 내 마음은 금세 편해지지만 물론 100% 괜찮을 리가 없다. 이를 알면서도 끊임없이 글을 쓰는 교활한 면이 나에게 있다는 걸 스스로도 인정하고, 또 나 자신이 그러한 존재임에 죄책감을 가지고 있다. 그럼에도 오늘도 의사로서 진료는 계속해 나가고 싶다. 이렇게 세상에 응석 부리면서 한동안은 쭉 살고 싶은 게 내 바람이다.

병을 보지 말고
아픈 사람을
보라

긴장했을 때 앞에 있는 관객을 감자라고 생각하면 긴장이 풀린다는 사람이 있다. 이 방법은 내가 긴장하고 있다는 걸 다른 사람이 알아차릴까 봐, 즉 다른 사람이 나를 부정적으로 볼까 걱정할 때나 효과가 있는 것 같다. 사람의 시선 따윈 아무런 상관이 없고 중요한 건 내가 실전에서 잘할 수 있을지나 실수하지 않고 끝까지 마무리할 수 있을지 같은 자신의 완벽성에 집착하는 사람에게는 별로 효과가 없는 것 같다.

의사들은 가끔 환자를 감자라고 생각한다. 표현

이 다소 과격하긴 하지만 요컨대 환자를 마음이 통하는 사람으로서 보지 않고 환자가 앓는 '병'에만 집중한다는 말이다. 앞에서도 언급했듯이, 사람과 사람이 대화를 주고받는다고 생각하면 의사의 멘탈이 쉽게 무너질 수 있기 때문에 '제삼자가 병을 관찰한다'라는 구도로 접근하는 편이 의사의 정신 건강을 유지하는 데 도움이 된다.

"병을 보지 말고 아픈 사람을 보라."

의학부 시절 학생들은 나이팅게일의 이 말을 자주 듣는다. 그러면 '당연한 거 아니야, 사이코패스도 아니고' 하고 생각하는데, 막상 의사가 되면 다들 하나같이 제일 먼저 병부터 본다. 왜냐하면 그렇게 교육받기 때문이다. 한마디로 모순이 아닐 수 없다. 하지만 이는 현실적으로 매우 합리적인 측면이 있다. 위에 구멍이 나서 복막염에 걸린 환자가 왔는데 병을 보지 않고 아픈 사람만 봤다가는 고통스러워하는 사람이 불쌍해서 발만 동동 구르다가 환자를 죽음으로 이끌 수 있기 때문이다.

따라서 일반적으로 의사는 환자의 '병'에 집중해야 한다.

'배가 너무 아프다는데도 몸을 전혀 움직이지 않는 걸로 봐서 염증이 벽 측 복막까지 퍼져서 복막염이 심하게 온 모양인데. 움직이면 많이 아프겠어. 패혈증 느낌은 아니고, 하부가 아니라 상부인가? 그렇다면 여기를 이렇게 누르면······.'

이렇듯 아파하는 환자의 배를 더욱 강하게 누르는 사이코패스적인 행위를 해야 한다. 환자가 몸부림치며 고통스러워하는 모습을 확인했다면 '역시, 이 정도로 배가 딱딱한 거면 상부다. 수술해야겠어' 하고 CT 검사를 의뢰하고는 그 자리를 유유히 떠난다. 이게 바로 병에 집중하는 의사의 모습이다.

하지만 진심으로 아픈 사람은 보지 않고 병만 보는 의사는 드물다. 대개는 머리로는 병을 보면서도 "죄송해요, 좀 아플 텐데 눌러 볼게요" 하고 말하거나 "아픈 와중에 죄송한데요, 바로 수술해야 해서 동의서에 사인 좀 해주세요" 하고 말하는 등 환자를 배려하는 말투나 태도를 보이는 의사가 훨씬 많다. 말하자면 질병 9 : 환자 1 정도의 비율로 진찰하는 것이다.

반면 곰곰이 생각해 보면 나이팅게일은 간호사였던 만큼, 간호사들은 확실히 병보다는 아픈 사람에 더 비중을 두도록 교육받고 실제로도 그렇게 실천하는 것 같다. 약 부작용으로 힘들어하는 입원 환자의 이야기를 들어 주는 이들은 대부분 간호사다. 그러다 보니 질병에 관한 부분은 주로 의사가, 아픈 사람에 대한 부분은 주로 간호사가 맡는 분업제로 자연스럽게 흘러가곤 한다. 이 때문에 의사와 간호사가 대립하는 경우도 종종 발생한다. 예를 들어 환자가 이가 아프다고 하니 진통제를 처방해달라고 몇 번이나 주치의에게 요청했는데도 의사가 처방을 미루자 간호사가 화내는 장면은 흔히 볼 수 있다. 의사도 일부러 약을 주지 않으려던 건 아닌데 자신이 맡은 질환과 직접적으로 관계가 없는 통증이면 '아, 이따가 처방해야겠다' 하고는 그대로 잊어버릴 때가 간혹 있다.

또한 일반 병동에서 불면증 등으로 힘들어하는 이들을 진료하다 보면, 간호사로부터 환자를 대하는 문제로 상담을 요청받는 경우도 있다. 이를테면 밤새 난동을 부리고 폭언을 일삼는 환자 때문에 마음이 너무 힘들다는 등의 내용인데 이 역시 병이 아닌 아픈 사람을 먼저 생각하는 간호사들이 겪는 고충이라고 할 수 있다.

물론 "너 같은 어린애가 뭘 안다는 거야. 죽고 싶어?"와 같은 심한 말을 들으면 당연히 상처를 받고도 남을 일이다. 상식적인 사람에게 이런 말을 들었다고 생각하면 공연히 화만 더 나는 법이라서, 치매에 걸렸는데 섬망 증상이 있거나 뇌졸중을 앓은 고령의 환자라면 관점을 바꿔보는 것도 좋은 방법이다. 이럴 때 나는 질병의 메커니즘을 앞세워서 생각한다. 지금 환자는 섬망 증상 혹은 전두엽 기능 손상으로 인해 보통은 억제할 수 있는 언동이 억제되지 않는 상황이므로, 몸이 나아지고 섬망 증상도 개선되면 정신적으로도 안정되리라고 이해하는 것이다. 이런 식으로 생각하면 화가 나거나 상처받는 일이 많지 않다.

하지만 오롯이 '질병'에만 집중해서 보기가 어려운 환자도 있다. 예를 들면 '성격 장애'라고 해서 성격이나 사고방식이 특정 방향으로 지나치게 편향되어 본인뿐 아니라 주변 사람들까지 어려움을 겪는 질환이 있다. 이 경우에는 눈에 띄는 증상이 잘 드러나지 않는다. 뇌의 억제 기능이 떨어져서 눈을 마주친 순간 "이 자식이!" 하고 소리를 지른다든지, 환청에 시달리는 탓에 혼자서 중얼중얼한다든지 하는 경우가 드물고 오히려 평범하게 대화가 가능하다. 특별히 이상하다고 느끼게 하지 않기에 '병'보다는 '사람'의 측면이 크게 다가온다.

그런데 실제로 성격 장애 환자를 상대해 보면 장

애로 인해서 자신에 대한 평가가 극도로 불안정하고, 현실 감각이 심하게 떨어져 있다. 그래서 "그것 참 힘드시겠네요" 하고 말한 순간 "지금 제가 바보라는 말인가요!"라며 어디를 어떻게 잘못 이해했는지 도무지 모르겠는 오해를 해서는 마구 소리를 지르기도 한다. "아니, 아니, 그런 말이 아니라 너무 힘들어 보인다는 뜻이에요" 하고 대답하면 그마저 오해하고는 또 화를 낸다. 그러면 의사도 '뭐야, 이 사람' 하며 부아가 뒤집혀서 "아니, 이보세요!" 하고 목소리를 높이고 싶어지고, 실제로 그러는 사람도 적지 않다. 결국 현실에서의 대응은 그리 만만치 않은 것이다. 떡하니 '아픈 사람'이 눈앞에 서 있는데 애써 외면하며 '병'에만 집중하는 기술을 익혀야 한다.

초보 정신과 의사가 실수하기 쉬운 유형은 질병의 구조가 보이는데도 인간으로서 대하는 것이 치료에 도움이 되는 경우다. 대표적인 예로는 신경증[9]이

---

[9] 심리적인 원인으로 신체 증상이 나타나는 병. 불안증, 히스테리, 강박증 등이 있다.

있다. 이러한 질환은 어느 정도 일정한 패턴이 있어 신체 질환과 마찬가지로 '질병 9 : 환자 1'의 비율로 약을 투여하고, 효과가 없으면 다른 약으로 변경하는 과정을 끝없이 반복해야 한다. 그럼에도 증상이 전혀 개선되지 않으면 뻔히 질병의 구조가 보이는데도 불구하고 아픈 사람을 먼저 살피며 진료해야 한다.

결국 '병을 보지 말고 아픈 사람을 보라'라는 말은 정확하지 않다. 또 자주 듣는 '병과 함께 아픈 사람도 보라'라는 말도 조금 투박한 면이 있어서, 실제 현장에서는 질병과 아픈 사람 중 어느 쪽에 더 비중을 두고 볼지 상황에 따라 판단해야만 한다. 이건 의학부에서도, 인턴 시절에도 배우지 않는 내용이다. 정신과 의사가 된 후에도 관심을 기울여야만 깨우칠 수 있는 부분인데, 의외로 의사가 지녀야 할 필수 항목으로 인식되지 않는 경향이 있다.

이전 글은 의사가 '의사'로서 환자를 대할지 아니

면 '사람'으로서 환자를 대할지, 의사 가운을 입었다 벗었다 해야 하는 재킷 댄스에 관한 이야기였다. 이번에는 환자를 '병'에만 집중해서 볼지 아니면 '아픈 사람'에 비중을 두고 볼지에 관한 이야기다. 굳이 비유하자면 함께 춤을 추는 페어 댄스인데, 댄스 파트너가 재킷을 입히거나 벗기는 춤이 있는지는 모르겠지만 대충 그런 느낌이다. 아니 그보다는 할머니로도 보였다가 여인으로도 보였다가 하는 착시 그림과 더 가까운 것 같다. '할머니 → 여인 → 할머니 → 여인'과 같이 시점을 계속 바꾸듯이 '병 → 아픈 사람 → 병 → 아픈 사람'으로 계속 왔다 갔다 하는 것이다.

이 책과 비슷한 시기에 출간될 내 책 『병이면서 병이 아닌』은 이에 관한 이야기를 좀 더 깊이 고민해서 한 권으로 엮은 것이다. 흥미가 있는 분들은 이 책과 함께 읽어보면 좋겠다.

수호령론

눈을 떠보니 시험 당일 아침 7시다. 일찍 자고 새벽 2시에 일어나서 벼락치기로 공부할 작정이었는데 그대로 쭉 자버렸다. 허둥지둥 학교에 갈 준비를 하면서 대충 시험에 나올 만한 부분만이라도 훑자는 생각에 눈에 띄는 쪽을 골라 띄엄띄엄 외운다. 하지만 시험 범위는 넓디넓어서 아무래도 낙제점을 받을 것 같다. 그런데 막상 시험지를 받아보니 이게 무슨 일이야, 좀 전에 우연히 본 부분에서 문제가 다 나왔다. 낙제점은커녕 높은 점수를 받아버렸다.

＊

　오늘은 앱에서 매치해 준 여성과 데이트하는 날이다. 외모도 딱 내 취향이고 살짝 대화해 보니 성격도 좋아 보여서 어쩌면 잘 될지도 모르겠다. 그런데 오늘따라 일이 자꾸만 생겨서 야근을 피할 수가 없게 되었다. 약속 시간보다 3시간은 늦어질 것 같아서 날을 다시 잡자고 문자를 보냈는데 읽지도 않고 무시한다. 이런, 기회를 날려 버렸다. 그런데 며칠 후 연쇄살인범 체포 뉴스에서 어딘가 익숙한 사진이 뜬다. 가만 보니 앱에서 본 그 여자의 프로필 사진이다. 그녀는 앱으로 만난 남성을 뛰어난 말솜씨로 홀려서는 집으로 데리고 가 살해하는 끔찍한 취미를 가지고 있었다.

＊

　내 체험담은 아니지만 이런 이야기를 들으면 보

통 어떤 생각이 들까. '운이 좋았네' 하는 반응이 일반적일 것이다. 하지만 좀 더 개인의 능력에 치중해서 이야기하자면 '무의식적으로 출제자의 의도나 위험을 직감하는 능력'이 뛰어났다고도 할 수 있다. 반대로 개인의 능력과는 한참 먼 시선에서 보자면 '수호령이 도와줬다'라는 식의 이야기가 나올지도 모르겠다.

어떤 관점을 택하든 사람을 상대하며 일을 하다 보면 '어쩜 이렇게 타이밍 좋게 일이 생기지?' 혹은 '이 사람 어쩜 이렇게 안 좋은 일(혹은 좋은 일)이 겹칠까' 하는 경우를 종종 접한다. 말하자면, 가족이나 친구에게서는 한 번도 본 적 없는 초자연적 현상이 따라다니는 사람을 이따금 마주하는 것이다.

이때 핵심은 각 사건이 완전히 독립적으로 일어나야 한다는 것이다. 가령 아버지가 뇌경색으로 쓰러졌는데 간호하던 어머니가 마음의 병을 앓게 되고, 두 사람을 돌보기 위해 아들이 차로 도시와 시골을 매일 오가던 중 가드레일에 부딪혀 사고가 났다는 식의 이야기는 각각의 사건이 서로 연관되어 있으므로 이 현상에 해당하지 않는다.

또 다른 예도 있다. 바람난 남편 때문에 속이 문드러지는데 어머니는 치매에 걸려 돌봄이 필요한 상태고, 아들 학교 동아리에서는 코치가 학생을 때리는 학교폭력 문제가 터져 골치가 아픈데, 건강 검진 결과 요산 수치가 높으니 재검을 받아 보란다. 문득 어제 마트에 우산을 두고 온 게 생각나고, 우유를 좀 마시려니 유통기한이 지나 있다. 어째서 이렇게 불운이 겹치고 또 겹쳤을까 싶은 이야기다. 중간부터는 "에이, 그 정도쯤이야 평범한 일상이지" 하고 말하고 싶어지는 비교적 사소한 일이지만, 남편이 바람을 피워서 마음이 힘들 때는 모든 일이 다 불행해 보이기도 한다. 이런 자잘한 일들도 전부 불행의 연속으로 느껴지는 심리적 현상도 내가 말하려는 초자연적 현상에서 제외된다.

나는 진료를 볼 때 항상 환자의 '수호령의 힘'을

임상상의 평가 기준으로 삼고 있다. 참고로 수호령에 관한 발상은 선배 의사인 구니마쓰 준와 선생님이 <사람 하나둘>[10]이라는 만화에서 착안한 것으로, 매번 그날의 진료를 되돌아보는 자리에서 모두가 함께 구체화한 이야기다. 덧붙여 여기에 쓰는 도중에 내가 조금 더 발전시켜서 다듬은 생각임을 미리 말해두고 싶다.

'수호령' 하니까 미스터리하고 신비로운 이야기를 기대했을지도 모르지만 그건 아니다. 장난 반 진담 반으로 수호령이 강한 사람, 그리고 약한 사람으로 구분하는 작업을 거치면 환자들을 상대화해서 파악할 수 있다는 얘기다.

예를 들어 끔찍한 불행이 덮쳐 절망하고 있는 환자가 있어서, 만에 하나 자살하지는 않을지 걱정이 된다고 하자. '입원을 시켜야 할까', '부모님께 연락드려야 하는 건 아닐까', '약을 좀 더 늘려 볼까' 같

---

[10] 사후 세계의 소녀 영혼이 일본 총리의 수호령을 맡게 되면서 벌어지는 이야기.

은 생각이 머릿속에 스치겠지만, 그전에 이 사람의 수호령의 힘은 어느 정도인지부터 생각해 보는 것이다.

그러면 이 사람은 지금까지 믿을 수 없을 만큼 끔찍한 불행을 수차례 겪었지만 그때마다 기적적으로 회복했으니 '수호령의 힘이 센 사람'이라는 결론에 이른다. 그러자 '굳이 아무것도 하지 않아도 된다'는 선택지가 고개를 쏙 내밀고, 내가 평소보다 과하게 이 사람을 어떻게든 도와야 한다는 생각에 사로잡혀 있었음을 깨닫는다. 또 어쩌면 이 환자는 평소에도 '상대방이 자신을 걱정하게 만드는 방식'으로 다른 사람과 관계를 맺는 것이 자주 보이는 패턴일지도 모른다. 이런 생각이 떠오르면서 환자에 대한 이해가 더 깊어진다.

반대로 '수호령의 힘이 약한 사람'이라는 생각이 들면, '이 사람은 스스로는 다시 일어설 수 없을지도 몰라 지원을 받아야만 하니 방문 간호사에게 자주 상태를 살펴달라고 해야겠다'라는 판단으로 이어진다. 실제 결과와는 별개로 수호령의 강약은 이렇듯 진료를 볼 때 판단의 재료가 되며, 수호령이 강한가 약한가 하는 구분을 통해 환자의 미래가 어느 정도 예상된다고도 볼 수 있다.

하지만 이는 수호령이 강한지 약한지에 대해서 판단하는 작업이 단순한 미신에서 비롯된 것만이 아님을 주장하기 위해 우선해서 한 설명일 뿐이다. 사실 현실에서는 초자연적 현상이라고 설명할 수밖에 없을 만큼 수호령이 강한 사람도 있다. 예를 들면 오타니 쇼헤이[11]는 본인도 강하지만 수호령 또한 막강해서 비현실적일 정도로 운이 좋다. 반대로 실력 있는 싱어송라이터인 데다 외모도 출중한데 좀처럼 유명해지지 않는 사람은 본인은 강할지라도 수호령은 약한 경우일지도 모른다. 큰 사고에서 본인만 유일하게 살아남은 사람은 수호령이 약한 건

---

11 일본의 유명 야구 선수. 행운을 줍는 사나이라는 별명이 있다.

지 강한 건지 판단하기가 애매하다.

만일 나의 수호령이 강하다고 생각되면 실패할지 모르는 상황 속에서도 수호령에게 맡기면 다 잘될 거라고 믿어서 긴장하지 않고 일을 끝낼 수 있다. 반면 나의 수호령이 약하게 느껴진다면 수호령에게 의지하지 않도록 사전에 만반의 준비를 해둘지도 모르고, 나에게 일어날 위험은 스스로 감지해야만 한다고 생각해서 그런 쪽으로 신경이 발달할지도 모른다.

그렇다면 수호령의 힘을 가정함으로써 생기는 부정적인 영향은 없을까. 우선은 특별한 근거가 없는데도 미래를 단정 지어버리는 단점이 있다. 긍정적인 미래라면 상관없지만 그렇지 않은 경우가 문제다. 가령 나에게 불행한 일들이 연속해서 일어났다면 자신의 수호령은 힘이 약하니까 앞으로도 좋은 일은 없을 거라며 미래를 비관적으로 바라보는 것이다. 이처럼 수호령은 말로는 표현할 수 없는 묘한 느낌에 실체를 부여하는 역할을 맡기도 한다.

정신과 의사로서는 수호령을 어떻게 봐야 할까. 수호령이 강하다 혹은 약하다고 단순하게 구분 짓는 방식은 본인이 그동안 쌓아온 마음의 역사를 외면하게 만들 수 있다. 수호령을 염두에 두면 그 사람에게 일어난 일을 '좋다' 혹은 '나쁘다'와 같은 수준으로만 파악하게 된다. 현실에서는 나쁜 일이 연속해서 일어난 것이 어떤 경험이 되었는지, 지금 내 마음에 어떤 영향을 미치고 있는지와 같은 부분이 매우 중요하다. 하지만 수호령이라는 존재는 이 점에 집중하기보다는 회피하게 만드는 하나의 수단으로써 기능할 수 있다. 또 한편으로는 내가 완벽하진 않더라도 지금까지 그럭저럭 인생을 잘 살아왔으니까 나의 수호령도 분명 강할 것이라고 생각하는 낙관적인 기능도 있다. 이렇게 쓰고 보니 내 생각이라는 게 참으로 원칙이 없어서, 귀에 걸면 귀걸이 코에 걸면 코걸이 같은 느낌이다. 하지만 동시에 또 이게 현실이니 어쩔 수 없다.

이제 끝맺음을 해야 하니 진지하게 생각해 보았

지만, 정말로 어떤 경우는 수호령이라고밖에는 설명할 길이 없다는 마음이 또 강하게 올라온다. 그렇다고 지나치게 그 이유를 생각하다가는 영적인 이야기로 흐를 것 같으니 지금 수호령이라는 주제로 다루고 있는 현상들을 언젠가는 좀 더 제대로 설명할 날이 오겠지 하는 심정으로 마무리해야겠다.

나는 34년 동안 비교적 자유롭게, 큰 불운을 만나는 일 없이 살아왔으니 아마도 나의 수호령은 강한 모양이다. 그러니 '틀림없이 이 책도 잘 팔릴 것이다' 하는 감정에 취해 있으면 나의 수호령은 이 책이 팔리지 않는 방향으로 유도해서 나를 분발시키려고 할 것이다. 그러므로 이 책이 잘 팔리지 않아야 내가 더 많이 분발해서 좀 더 좋은 책을 쓰려고 할 테니 "팔리지 않는 편이 좋다"라고 큰 소리로 외치며 수호령을 한껏 혼란스럽게 해야겠다.

예지 능력

쓰쓰이 야스타카의 SF 소설 『나나세 다시 한 번』을 좋아한다. 스토리가 재미있기도 하지만 다양한 초능력자가 나온다는 점이 특히 마음에 든다. 등장인물마다 다른 사람의 마음을 읽는다든지, 미래를 본다든지, 시간을 이동하거나 염력으로 물건을 움직이는 등의 초능력을 갖고 있어서 나도 이런 초능력이 있으면 좋겠다는 생각을 마구 부추긴다.

여기까지 쓰고 보니 차라리 드라마 <SPEC>[12]이 요즘 시대에 더 맞겠다 싶지만 괜찮다. 먼저 떠오른 쪽은 『나나세 다시 한 번』이니까. 특히 서두에 기차 사고를 예지한 청년이 도중에 내리는 장면이 있는데, 나는 무엇보다 이 능력이 탐난다. 가장 필요 없어 보이는 능력은 '염력'으로 직접 만지지 않고도 물건을 움직이거나 부술 수 있는 힘인데, 이건 그다지 쓸모가 없어 보인다. 거리에서 갑자기 시비가 붙었을 때 혹은 붕괴된 건물 속에 갇히거나 감금당했을 때처럼 생명의 위협을 느끼는 순간에는 필요할지 모르겠으나 평상시에는 유용하지 않아 보인다.

그다음으로 필요 없는 건 '다른 사람의 마음을 읽는' 능력이다. 조현병에 걸린 환자가 종종 다른 사람의 마음을 읽는다 착각하는데, 그러한 병적인 체험이 아니라 진짜로 사람의 마음이 읽힌다면 어떨까. 대부분의 사람은 타인에 대해 호감과 비호감을 동

---

[12] 2010년에 일본에서 방영했던 초능력을 지닌 범죄자들과 맞서는 형사들의 이야기.

시에 느끼는 법인데, 그 감정들이 걸러지지 않고 줄줄이 새어 나온다면 '다들 나를 제멋대로인 사람으로 생각하고 있구나' 또는 '으, 이 사람 도저히 나하고는 안 맞아' 하는 마음이 들 테니 항상 불편하고 우울할 것 같다. 게다가 사람이란 생각지도 못한 감정을 다른 사람에게 품기도 해서 뜻밖의 인물이 나에게 연애 감정을 느끼고 있음을 알기라도 하는 날에는 참으로 심란해질 것이다. 이래서야 살 수가 없지 않을까. 모르는 게 약이다.

'시간을 이동할 수 있는' 능력은 조금 욕심나는 편이다. '망했다! 그때 그래야 했는데……' 하는 순간에 유용하니 말이다. 하지만 곰곰이 생각해 보면 시간을 이동하고 싶었던 경우는 배달 앱으로 주문한 음식이 별로여서 다른 가게에 시킬 걸 하고 후회할 때 정도인데, 고작 그 정도의 일에 초능력을 쓰는 건 어쩐지 찜찜하다. 아무래도 큰일이 벌어졌을 때, 예를 들면 실수로 심각한 의료 사고를 냈다거나, 교통사고로 사람을 다치게 했다거나 하는 일이 생겼을 때 시간을 거슬러 같은 실수를 저지르지 않도록 손을 써둘 것 같다.

결국 가장 욕심이 나는 쪽은 '가까운 미래를 보는' 능력이다. 무엇보다 각종 사건·사고를 피할 수 있어서 좋다. 앞에서 초능력은 큰일이 생겼을 때 유용하다고 했는데, 기왕이면 처음부터 아예 사건을 피하는 쪽이 더 좋을 것이다. 이 전철을 타면 위험하다든지, 오늘은 출근하면 안 된다든지, 오늘만큼은 뒷길로 가야 한다든지 등과 같이 곧 들이닥칠 위험을 미리 알 수 있다면 애초에 사건을 겪지 않을 수 있다. 시간을 이동하는 능력도 비슷한 거 아니냐고 생각할지 모르지만 그렇지 않다. 만일 사고 현장에서 죽기라도 한다면 더 이상 초능력을 쓸 수도 없고, 심각한 사건을 겪은 다음에는 시간을 이동한다 한들 트라우마는 남으니 예지 능력이 더 유용해 보인다.

그렇다면 실제로 이러한 능력을 얻을 순 없을까.

무술 관련 서적 중에는 삼맥법이라고 해서 양쪽 경동맥(목을 지나는 굵은 혈관)과 한쪽 요골동맥(손목의 혈관)을 동시에 촉진하여 각 맥이 흐트러져 있으면 가까운 미래에 위험이 닥칠 것임을 암시한다는 내용이 있다. 만일 이게 사실이라면 엄청난 발견일 텐데, 증명이 쉽지가 않다. 우선 삼맥법이 맞다면 맥이 흐트러져 있을 때 신변의 '위험'이 다가오고 있으니 어떤 행동이든 취해서 사고를 피할 것이다. 이 경우 이미 피한 '위험'은 일어나지 않은 일이 되므로, 사실 확인이 어렵다. 반대로 신변의 위험이 다가오고 있음에도 아무런 행동도 취하지 않는다면 결국 죽음에 이를 것이다. 그러니 삼맥이 흐트러져 있는데도 어떤 대비도 하지 않아서 결국 사고가 났다는 사실을 다른 이에게 전하려 해도 전할 수가 없다.

역시 미래를 예지한다는 건 불가능한 일이라고 생각하니 침울해졌다. 휴가를 내고 집에서 하루 종일 <바첼러>나 보면서 무기력하게 늘어져 있는데, 의외의 곳에서 예지 능력이 발현되었다.

<바첼러>는 잘 생기고 돈도 많은 한 남성이 십여 명의 여성 중에서 한 명을 결혼 상대로 고르는 다소 수준 낮은 리얼리티 쇼로, 매 회마다 몇 명의 여성이 탈락하는 형식이다. 탈락자를 선택하는 방식은 의자 뺏기 게임과 비슷하다. 계속 만남을 이어갈 여성에게는 바첼러가 장미꽃을 전달하는데, 이때 바첼러에게 주어진 장미꽃의 수는 남아있는 여성의 수보다 적다. 시청자로서는 다음에 어떤 여성이 떨어질지 바첼러의 반응을 보면서 추측하는 게 꽤 흥미롭다. 그런데 <바첼러> 시리즈를 계속 보다 보면 다음에 누가 떨어질지 충분히 예측할 수 있다. 무의식적으로 프로그램의 편집 의도를 간파해서 탈락할 사람의 분량이 미묘하게 늘어나거나, 겨우겨우 통과하는 여성은 마치 당장이라도 떨어질 것처럼 보여주는 패턴을 알게 되기 때문이다.

　처음부터 이 이야기를 했으면 좋았을 텐데, 정신과 진료에도 이러한 측면이 있다. 어떤 유형의 환자

에게 특정 약을 투여했을 때 다음에 올 때는 어떤 상태일지 대개는 예측할 수 있다. 그러니까 이를 더욱 갈고닦으면 일종의 예지 능력이 되는 셈이다. 이러한 예지 능력을 갈고닦다 보면 어떨 때는 전자 진료기록부의 외래 진료 리스트에 오른 이름과 성별, 나이, 접수 시간만 봐도 이 사람이 어떤 종류의 병으로 내원했을지 감이 탁 온다. 과장이 좀 심한 거 아니냐고 하겠지만 연습하다 보면 자연스럽게 어느 정도까지는 예측할 수 있다. 물론 100% 정확하다고는 할 수 없지만 '일주일 후의 날씨 예보' 정도의 확률이라면 충분히 가능하다. 혹시 이 글을 읽으면서 나는 절대 속지 않겠다고 긴장하는 분들이 있다면 그러지 않아도 된다. "나만 한 번 믿어봐!" 하는 그런 종류의 미신에 관한 얘기는 아니다.

    인턴 시절에는 선배 의사였던 구니마쓰 준와 선생님에게 진찰한 환자를 돌려보내도 될지 허락을 맡기 위해 전화로 보고를 하곤 했다. 그런데 때로는 환자의 이름과 연령, 성별을 듣자마자 "응, 괜찮을 것 같아. 돌려보내도 돼" 하고 지시받았다. 이 역시 비슷한 능력이었을 것이다. 다시 말해, 우리에게는 언어화할 수 없는 무수히 많은 정보가 축적되어 있어서 몇 가지 정보만으로도 어떤 패턴을 추출할 수 있는 힘이 있는 것이다. 이러한 능력은 훈련을 거듭할수록 더욱더 예리해진다.

솔직히 이름과 나이, 성별만으로 내용을 맞힌다는 건 다소 비과학적이라는 생각도 들지만(하지만 예측하는 연습은 과거의 데이터를 확인하는 작업으로 진료에서도 중요한 부분이다), 여기에 문진표가 추가되면 매우 높은 정확도로 어떤 사람이 들어올지 예상할 수 있다. 문진표는 사람들이 병원에 갔을 때 처음 건네받는 것으로 '지난주부터 잠을 못 잤다'라는 등의 내용을 적는 종이다. 저마다 쓰는 방식이 달라서 작은 글씨로 아주 상세하게 쓰는 분, 그냥 비워두는 분, 내용과는 다르게 매우 예쁘고 정갈하게 글씨를 쓰는 분, 오타가 수두룩한 분 등 다양하다. 문진표는 사람을 있는 그대로 반영해 줄 때가 많아서, 이를 보면 진료실에 어떤 사람이 들어올지 '내일 날씨 예보' 정도의 확률로 맞힐 수 있다. 그래서 가끔 전혀 예상치 못했던 분위기를 지닌 사람이 들어오면 속으로 꽤 충격을 받는다.

한정된 정보만으로 환자의 병을 예측하는 행위는 깊이 생각해 보면 지금까지 머릿속에 쌓아온 환자들의 데이터(혹은 사람들의 데이터) 속에서 비슷한 경우를 찾는 두뇌 활동이다. 다시 말해, 머릿속으로 이것이 어떤 유형인지 분류하는 작업과 같다. 정신의학이란 특정 유형을 분류해 내는 측면이 강해서 이러한 두뇌 활동은 정신과 진료와도 매우 유사하다. 한편으로는 이러한 분류 작업 속에서 환자 한 명 한 명의 개별성을 무시해 버릴 우려도 있다.

예상치 못한 환자가 들어오면 내 머릿속에는 불량한 자세를 하고 "이봐, 선생! 나 개별성을 우습게 보지 말라고" 하며 건들건들하는 모습이 떠오른다. 각 개인이 지닌 특성을 잊어서는 안 된다는 경고다.

그러면 최대한 개별성에 주시하면서도 동시에 그 예상외의 환자는 앞으로 구성될 새로운 유형의 데이터로써 자료실 한쪽을 차지한다. 이로써 또다시 예측의 정밀도가 올라갔다. 하지만 이것이 환자 개개인을 생각하지 않아도 된다는 의미는 아니다. 늘 양쪽을 왔다 갔다 해야 함을 염두에 두고 있다.

진료는 그렇다 치고, 바첼러가 누구에게 장미를 줄지 예지하는 능력은 전혀 기를 필요가 없어 보이지만 가까운 미래를 보는 능력은 있다면 좋겠다. 하지만 '이 기차에 타면 안 돼' 같은 위기 감지 능력은 여러 패턴의 대형 사고를 일상적으로 겪지 않는 이상 기를 수가 없을 테니, 매일 병원에서 진료를 보는 나로서는 절대 얻을 수 없을 것 같다. 결국 수호령에게 의지하는 수밖에 없을까. 또다시 영적인 이야기로 흐를 것 같으니 이쯤에서 그만 생각하는 게 좋겠다.

좋은 사람

어릴 때, 그러니까 스무 살 무렵까지 나는 성격이 좋다고 믿었다. 예를 들어 좋아하는 여자아이가 있으면 그녀를 좋아하는 라이벌과 나를 속으로 비교하면서 내가 걔보다 생긴 건 별로일지 몰라도(혹은 운동은 못해도), 성격만큼은 훨씬 좋으니 나를 고르는 편이 낫다고 생각했다.

다정다감하고 상대방의 감정을 잘 이해해 주는 것이 좋은 성격이라고 생각했는데, 알고 보니 나는 다정하지도 않았고, 상대방의 감정을 잘 이해하지도 못하는 인간이었다. 이 사실을 대학교 마칠 무렵이었던가, 막 인턴이 되었을 즈음 깨닫기 시작했다.

한마디로 나는 제멋대로였다. SNS를 보다 보면 정신적 폭력을 일삼는 남편에 대한 불만을 토로하는 아내들의 계정이 하늘의 별만큼이나 많은데, 나의 사고 회로는 완전히 그런 계정의 이야기 속 남편들과 비슷했다. 말하자면 타인에게 책임을 돌리는 반사 작용이 몸에 배어 있었다. 사람은 보통 불쾌한 감정이 들 때 자신을 탓하거나(자책), 남을 탓하거나(타책) 둘 중 하나를 반사적으로 하기 마련인데 나는 압도적으로 타인의 탓을 많이 하는 인간이었다. 한마디로 '19세, 안하무인남'이었다. 이후 15년 동안 서서히 내 안에 있던 '타인을 탓하던 왜곡된 도덕심'은 다 빠져나가서, 그런 기준에서 보자면 지금 내 속은 꽤나 텅 비워진 상태일지도 모른다. 이는 내가 의사, 특히 정신과 의사가 된 데에 큰 원인이 있다.

직업 특성상, 의사는 마음이 평온하지 않고 여유가 없는 상태로 불쾌한 감정에 내몰릴 때가 자주 있다. 게다가 정신과 의사라면 그 빈도는 더욱 잦다.

환자들뿐 아니라 함께 일하는 동료와 간호사, 약사들을 대하다가도 기분이 확 나빠진다. 특히 막 의사가 됐을 무렵에는 직업의식이 떨어져서 본성을 그대로 드러낸 채 일해서 그랬는지, 불쾌한 일이 생길 때면 앞서 말한 자책 혹은 타책이 반사적으로 튀어나와 그쪽으로만 생각이 치우치곤 했다. 당연히 타인을 탓할 때가 많아서 '간호사가 배려심이 부족하네', '이 환자는 병이 아니라 성격이 이상한 거야', '이 지도 의사 1억 년에 한 번 나올까 말까 한 인재인 나를 가르칠 만큼 제대로 알고나 있는 거야' 하는 무례한 생각을 하기도 했다. 겉으로는 아닌 척 미소를 머금고 있었지만 틀림없이 내 주변에는 그러한 분위기가 맴돌았을 것이다.

예를 들어 간호사가 지시를 따르지 않아서 환자에게 요청한 양의 반만 수액이 들어갔다면, 나는 진료기록부에 정확하게 기재했고 구두로도 전달했다며 불같이 화를 냈다. 지금 생각해 보면 참 잘도 화를 냈구나 싶은데 일이 생각대로 되지 않으면 불쾌한 감정이 도저히 참아지지 않았던 기억이 있다. 물론 '그게 뭐가 어때서?'라고 생각하는 분도 있을지 모르겠다. 나에게 잘못이 있는 게 아니라 분명히 지시했는데 간호사가 제대로 처리하지 않았다면 화를 낼 수도 있지 않나? 다음을 위해서 분명히 알아듣게 말해야 한다고 말이다. 그런 부분도 있을지 모르지만 내 경우에는 생각대로 일이 진행되지 않거나 환자가 불이익을 당했을 때면 내가 누군가에게 혼날지도 모른다는 걱정에서 반사적으로 화를 냈던 것 같다.

    반대로 이러한 유형도 있을 수 있다. 내가 타책보다는 자책을 주로 하는 캐릭터였을 경우다. 진료기록부에 제대로 지시를 내렸다고 생각했는데 가만 보니 누구나 오해할 만하게 쓴 것이다. 구두로 전달했다지만 기록할 때 좀 더 알아보기 쉽게 써야 했고, 재차 확인해야 했다. 결국 모든 잘못은 나에게 있으며 내가 환자에게 끔찍한 일을 저질렀다고 생각하는 것이다.

일상생활에서는 이 자책과 타책이라는 반사 반응을 바탕으로 의사소통이 일어난다. 기분이 나쁜 일이 생겼을 때 어느 쪽이 맞고, 어느 쪽이 틀렸는지 따지는 방향으로 이야기가 흘러가면서 '나에게는 잘못이 없다', '분명히 이건 내 잘못이야', '나도 실수했지만 너한테도 문제가 있잖아' 하는 말들이 오고간다.

의료진이더라도 초심자 무렵의 나처럼 때로는 이러한 의사소통 수준에서 대화가 이루어지곤 한다. 하지만 자기 탓을 하든 남의 탓을 하든 치료에는 하등 도움이 되지 않는다. 어떤 일이 벌어졌을 때 곧바로 자책과 타책 중 어느 한쪽에 무게를 실어버리면, 실제로 지금 여기에서 무슨 일이 일어나고 있는지를 객관적인 시선에서 생각할 기회를 잃어버리기 때문이다.

가령 이런 경우가 있을 수 있다. 앞서 들었던 예, 즉 지시를 오해해서 수액량이 잘못 들어간 환자를 둘러싼 의사와 간호사의 대립 관계는, 환자가 지금까지 살아왔던 인생의 축소판을 옮겨 놓은 듯한 상황인 것이다. 툭하면 화를 내는 거친 아버지와 뭐든 쉽게 오해해 버리는 어머니는 하루가 멀다 하고 싸우고, 그 사이에서 불안에 떨던 환자가 입원해서 치료를 받는 와중에도 의사에게서는 아버지 얼굴이, 간호사에게서는 어머니 얼굴이 무의식적으로 겹쳐 보이는 것이다. 이렇게 지금 벌어지고 있는 일을 상징화해서 생각해 보면 그동안 정체되어 있던 치료가 앞으로 쭉 나아가는 계기가 되기도 한다. 지금 내가 간호사에게 느끼고 있는 이 분노가 환자의 아버지가 그동안 환자에게 보여주었던 감정일지도 모른다고 생각하면 환자의 입장에서 새로운 측면이 보이기 때문이다. 물론 그럼에도 분노라는 감정에 휩싸일 때 멀찌감치 물러서서 현 상황을 내려다보며, 생각을 한 단계 더 깊이 하기란 불굴의 정신적 체력이 뒷받침되어야만 가능한 일이다.

그런데 일을 하면서 이와 같은 대응 방식을 자연스럽게 몸에 익혔더니, 이제는 일상생활에서도 이런 모습이 튀어나온다. 친구에게 '뭐야, 얘 왜 이래' 하는 짜증이 치밀어 오를 때 '잠깐, 이 짜증은 어쩌면 친구가 평소 나에게 느꼈던 감정일지도 몰라' 하는 쓸데없는 생각이 들면서, 자책도 타책도 하지 않고 결과적으로 모든 걸 용서할 수 있는 상태가 된다. 마음속 깊은 곳에서는 심한 말을 하면서도 '잠깐만, 이거 어쩌면?' 하고 일일이 생각하며 중립적인 태도를 취하는 것이다. 그래서일까. 요즘에는 뜻밖에도 내가 좋은 사람이라고 일방적으로 오해하는 경우가 늘었다. 환자들이 그렇게 생각하는 경우는 둘째 치고, 사적으로 만나는 사람들에게서도 "한 번도 화내는 모습을 본 적이 없어요", "화를 내기도 하세요?", "정말 친절하세요", "다른 사람 이야기를 참 잘 들어주시네요", "배려심이 좋으세요" 하는 말을 듣는 것이다. 그럴 때면 '아, 사실은 전혀 그렇지 않은데' 하는 생각에 상당히 마음이 불편해진다.

'뭐야, 전문적인 용어를 들먹거리면서 겸손을 가장해 잘난 체하는 거 아니야'라고 여길지도 모르지만, 전혀 그렇지 않다. 내가 하고 싶은 말은 이 세상 사람들은 그저 말을 되받아치지 않는 사람, 혼날 만한 짓을 했는데도 혼내지 않는 사람, 싫은 일이 있어도 티 내지 않는 사람을 '좋은 사람'이라고 부른다는 사실이다. 다시 말해 마음이 아니라 행동만 보고 좋은 사람인지 아닌지를 결정한다. 단언컨대 나는 좋은 사람이 아니다. 매 순간 끔찍한 상상을 떠올리기도 하고, 세상에 둘도 없을 정도로 야박한 데다 이기적인 생각도 자주 한다. 그런데도 겉으로는 화를 내지 않고, 다른 사람을 혼내지 않으며, 감정을 드러내지 않는다는 이유로 '좋은 사람' 취급을 받고 있으니 참으로 난처하다. 스스로를 좋은 사람이라고 굳게 믿어 왔을 때는 누구도 나를 좋은 사람이라고 말해주지 않았는데, 자신이 전혀 좋은 사람이 아님을 깨달은 뒤에야 오히려 주변 사람들이 나를 좋은 사람이라고 생각하는 것이다. 나는 겉과 속이 똑같은, 진실로 '좋은 사람'이 되고 싶다.

이렇게 쓰고는 흠칫 놀란다. 나는 내가 '좋은 사람'이 되고 싶어 한다는 사실을 지금 여기에 쓰기 전까지는 전혀 알지 못했다. 나쁜 사람이 좋은 사람이 되는 이야기는 세상에 널렸지만 정말 나쁜 사람이 좋은 사람이 될 수 있을까. 애초에 나쁜 사람, 좋은 사람이란 무슨 뜻일까. 이타적이라면, 배려심이 많으면, 남을 나쁘게 생각지 않으면 좋은 사람일까. 애초에 좋은 것이란 무엇일까. 이렇게 따지면 인간 사회에서 남을 우선하는 마음을 천성적으로 갖고 태어난 사람만이 여기에서는 '좋은 사람'이 될 것 같다. 하지만 그것이 왜 좋을까. 타인 혹은 집단에게만 좋을 뿐 아닌가. 어릴 때부터 타인을 먼저 배려하고 상대를 높여주는 것이 살아남는 방법이 된 사람이 성인이 돼서 타인에게 착취당하며 고통받는 모습을 직업상 자주 보다 보니, '좋은 사람'이란 그저 타인의 입장에서 써먹기 좋은 사람일 뿐 아닌가 하는 생각도 든다.

나는 '좋은 사람'이 될 수는 없을 것 같지만 '윤리

적인 사람'은 되고 싶다. 그런데 또 윤리적인 사람이란 어떤 사람인지에 대해서 생각하기 시작하면 한참을 고민해야 할 것 같다. 그러니 머릿속에서 스맙[13]의 '셀러리'라는 곡을 흥얼거리며 오늘은 이만 잠을 청해야겠다. 아, 이러면 내가 Z세대[14]가 아니라는 것이 들통날 텐데.

---

13 기무라 타쿠야로 유명한 쟈니스 소속 남성 아이돌. 1991년에 데뷔했다.

14 1997년부터 2012년에 태어난 사람들. MZ세대는 1981년부터 1996년에 태어난 밀레니얼 세대와, Z세대를 합쳐 부르는 말이다.

사춘기와 SNS와 나

나는 평소에는 정신과 의사로 병원에서 근무하지만, 일주일에 한 번은 내과 의사로서 외래 진료를 본다. 내과는 일반적으로 복통, 설사, 기침 등으로 불편해하는 분들이 찾아오는데, 그중에는 이제 막 15세가 되어 소아과에서 벗어난 사춘기 환자들도 있다. 몇 살까지 사춘기로 불러야 할지 의견이 분분하다지만 여기서는 고등학생까지로 보고 얘기하겠다.

사춘기 환자들이 오면 나는 보통 SNS 얘기를 꺼낸다. 어떤 SNS를 어떤 식으로 쓰고 있는지 묻는데,

이는 당연히 요즘 아이들의 경향에 관심 있어서 호기심에 물어보는 게 아니라 진료를 위한 정보 수집이 목적이다.

물론 독감이나 급성 충수염(맹장염)에 걸린 사춘기 환자에게 SNS를 어떻게 쓰냐고 묻진 않는다. 목이나 배가 아픈 사람에게 SNS 사용 방식을 묻는 것은 좀 이상할뿐더러 진료에도 전혀 도움이 되지 않기 때문이다. SNS의 사용 방식을 묻는 경우는 심리적인 갈등이 신체 증상으로 나타나고 있다고 판단되는 환자들에 한해서다.

'심리적 갈등이 신체 증상으로 나타난다'라는 건 무슨 말일까. 예를 들면 학교에 갈 시간인데 몸이 너무 피곤해서 꼼짝도 못 하겠다든지, 등교 중에 어지럽고 다리가 휘청거려서 학교에 못 갔다든지, 특정 수업 시간만 가까워지면 심장이 빨리 뛰어서 보건실에 가야 한다든지 하는 경우를 말한다. 물론 실제로 어떤 내과적 질환이 있어서 이와 같은 증상이 나타날 확률도 없지는 않다. 하지만 대부분은 말로는 표현할 수 없는 심리적 갈등이 신체 증상으로 나타나는 경우다. 다시 말해서 우리 몸이 '학교에 가고 싶지 않다'라고 호소하는 것이다.

그렇다면 SNS에 대해서 묻는 것이 사춘기 학생들의 진료에 어떤 효과가 있을까. 첫째는 이를 통해 환자가 어떤 '유형'의 학생인지 '대충' 짐작할 수 있다. 여기서 말하는 '유형'은 내가 '대충 정해놓은 평균치'에서 얼마나 벗어나 있는지 편차를 보고 추측하는 것이다.

내가 '대충' 정해 놓은, 신체화 증상으로 내과 진료를 받는 중고생들의 SNS 사용 평균치란 이렇다. 인스타그램과 X는 계정 등록은 했으나 익명인 상태로 다른 사람의 글을 보기만 하고, 페이스북이나 틱톡은 하지 않고, 유튜브는 그래도 꽤 보는 수준을 말한다. 대체 무슨 근거로 하는 말이냐고 묻는다면 사실 근거는 없다. 놀라울 정도로 하나도 없다. 그저 지금까지 만나 왔던 사춘기 환자들의 데이터가 쌓이고, 여기서 미세한 수정을 반복하면서 얻게 된 '대충 어림짐작하고 있는 평균치'일 뿐이다.

덕분에 "디즈니랜드에서 친구와 춤을 춘 영상을 틱톡에 올리고 있어요" 하는 학생이 나타나면 '내 진료실에서 보기 드문 유형의 학생이군' 하면서 평균치에서 한참 벗어나 있음을 바로 알아차린다. "X 비공개 계정으로 아저씨들이랑 연락해서 만나요" 하는 학생이 있으면 '보통은 비밀로 할 만한 얘기를 거리낌 없이 하네' 하고 생각한다. "SNS는 전혀 하지 않는데요"라고 대답하면 '내가 자기를 조사하고 있다고 의심하나?' 하고 여기면서도 '정말 그렇다면 뭔가 이유가 있을지도 몰라' 하고 고심한다.

이건 어디까지나 개인적인 의견이기도 하고 때에 따라서는 편견일 뿐이기도 해서 모두에게 해당되는 사항은 아니다. 하지만 이러한 기준은 환자들의 일상생활을 떠올리거나 성격이나 대인관계 양상을 유추하는 데 도움이 된다. 환자를 진단하는 커다란 실마리로 작용하는 것이다. 그래서 사춘기 환자들의 SNS 사용 방식은 나에게 하나의 판단 기준이 되고 있다. 20년 전이라면 아마도 어떤 TV 프로그램을 보는지 물었을 것이다.

때로는 더 깊이 들어가서 유튜브 중에서도 어떤 채널을 보냐고 묻기도 한다. 이 질문은 환자에게 좀 더 가까이 다가가는 데 도움이 된다. 사춘기 학생들을 진료할 때 우리가 의사로서 맡아야 할 역할은 부모도 교사도 아닌, 새로운 존재New Object*로서 기능하는 것이다. 물론 의도적으로 그런 척 연기하라는 뜻은 아니다. 가령 학생 본인은 매우 좋아하지만 어른들은 잘 모르는 비주류의 유튜버나 애니메이션 성우, 케이팝 아이돌에 대해서 의사가 잘 알고 있으면 그것만으로도 어쩌면 '이 사람은 조금 다를지도 몰라', '나를 이해해 줄지도 몰라' 하는 인상을 심어 줄 수 있다.

사춘기 시기에는 그들이 살고 있는 세상이 학교 아니면 집뿐일 때가 많다. 그렇기에 학교에서의 인간관계가 잘 풀리지 않는데, 부모님도 이를 전혀 이해해 주지 않으면 순식간에 막다른 곳에 몰리기도 한다. 내과 외래에는 그렇게 궁지에 몰리는 순간 몸 상태가 나빠진 사춘기 환자가 올 때가 많다. 어느 정도 증상이 나빠진 다음에야 내원하는 경우가 많은 정신과 외래와는 이 점이 다르다.

그래서 "마, 다 괜찮데이. 네 맘 내가 다 안다. 지금처럼만 하믄 된다!" 하고 어설픈 사투리를 쓰는, 부모님도 선생님도 아니지만 의지할 수 있는 사람으로서 의사가 일시적으로나마 기능해 주면 금세 일상생활로 돌아갈 수 있는 환자가 꽤 많다.

하지만 이러한 방법은 양날의 검이기도 하다. 사춘기 환자와 자신을 동일시하며 진료하는 태도는 필요 이상으로 환자를 퇴행시켜서 어린아이처럼 굴게 하는 부분이 있기 때문이다. 또 의사 자신도 아직 다 해결하지 못한 갈등에 환자를 끌어들이거나, 반대로 환자의 갈등에 의사가 말려들기 쉽다는 단

점도 있다. 실제로도 여러 번 경험해 본 일이다.

예를 들면 지금까지 한 번도 반항한 적이 없었다는 아이들을 만날 때면 불현듯 내 어린 시절의 기억이 떠오른다. 나도 어렸을 때 과자나 피규어 인형을 사달라고 바닥에 드러누워 울며불며 조른 적이 한 번도 없었다. 늘 "다음에 사 줄게"라는 말에 순순히 따랐다. 중고생 시절에는 주위 사람들의 시선을 많이 의식해서 부모님과 선생님, 그리고 친구들이 좋아할 만한 행동만 골라 했다. 그러한 노력의 부차적인 산물로써 늘 성적이 좋을 수밖에 없었고 현역으로 공립대학교 의학부에 합격하게 된 것이다. 덕분에 지금의 내가 있다는 건 인정하지만, 동시에 내가 반항기를 겪지 못했다는 사실을 나도 모르게 떠올리곤 한다.

그래서인지 부모님이 반듯하게 깔아준 코스를 벗어나려고 하는 아이와, 아이를 꾸짖어서라도 다시 코스 안으로 억지로 밀어 넣으려는 부모님을 대할 때면 속으로 발끈할 때가 한두 번이 아니다. '아이가 모처럼 스스로 자신의 인생을 살려고 하는데 부모는 대체 왜 이러는 걸까' 하는 생각이 든다. 하지만 그것도 잠시, 몇 초만 지나면 이 역시 그저 '의사 자신의 해결하지 못한 갈등'일 뿐임을 깨닫곤 한다.

    서로의 문제에 얽혀들 위험이 있는 '근거리'에서 환자를 진료할지, 아니면 부모나 교사와 비슷한 존재로 보이는 또 하나의 아저씨로서 '원거리'에서 환자를 진료할지는 의사의 수만큼이나 무한히 다양한 '간격의 차이'가 있을 것이다. 결국 중요한 건 자연스럽게 나만의 개성이 묻어날 수 있는 '간격'과, 담당 의사로서 '나는 여기서 어떠한 태도로 환자를 대하고 있는가'에 대해 끊임없이 의식하는 행위, 이 두 가지가 아닐까 싶다.

    의사에게는 환자를 진심으로 걱정하는 따뜻함이 필요하다. 하지만 동시에 이러한 방식은 환자와의 거리가 너무 가깝거나 멀지는 않은지 계산해 보는, 즉 의사로서의 역할에 충실해지려는 냉정함도 필요하다. 따뜻한 마음만 가져서는 환자의 문제에 함께 빠져들 우려가 있고, 역할에 충실히 하려고 의사로서 위장하고 있는 모습은 사춘기 아이들의 경우 어른들보다 훨씬 민감하게 받아들인다. 그러므로 자연스러운 거리까지만 자신을 노출하고, 진심으로 걱정하는 동시에, 그리 크게 걱정하지 않는 모순적인 심리 상태를 유지하는 방법이 비교적 보편적인 자세로써 많은 치료자에게 받아들여지기 쉬울 것이다.

1장

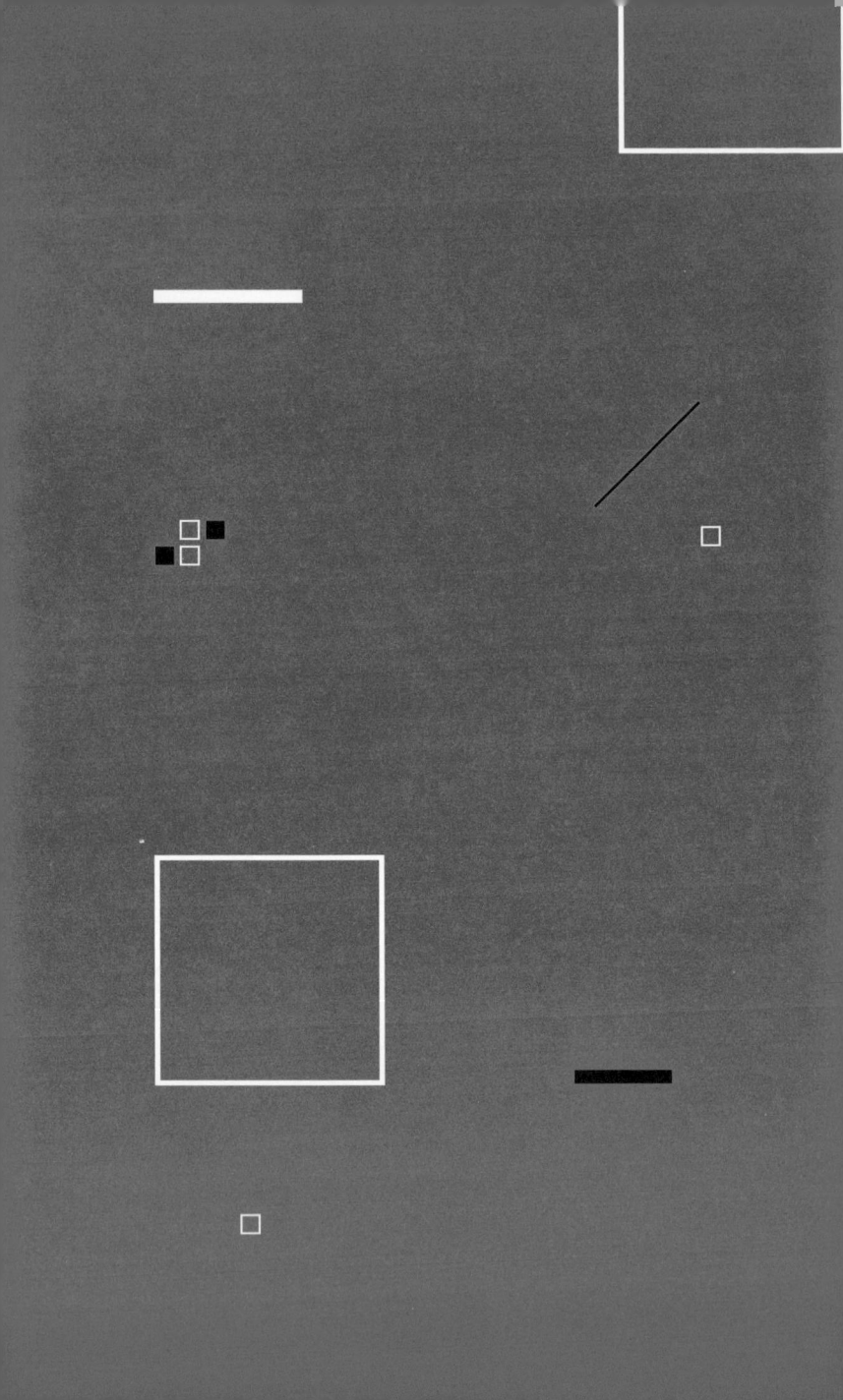

2장
—

노출의 적정선

노출의 적정선

얼마 전 작가 사쿠라 마나 씨가 소설집 『놀이』를 출간하면서, 내 책 『위선자론』의 홍보를 겸한 대담회를 열었다. 행사는 신주쿠의 기노쿠니야 서점에서 온라인으로 이야기하는 형식으로 진행되었다.

서로의 책을 읽고 느낀 감상이나 떠올린 생각들을 1시간 정도 이야기 나누고, 마지막에는 대담의 주제였던 '뜻대로 안 되는 연애'에 대한 고민 상담도 주고받으며 즐겁게 마무리를 지었다. 그런데 행사가 끝나고 집에 돌아온 순간, 문득 '나는 누구일까'

하는 의문에 사로잡혔다.

갑자기 이런 '고갱스러운' 생각에 잠길 때는 보통 수면 부족이나 피로가 쌓였을 무렵이다. 답이 없는 질문에 번민하면서 SNS에 '아, 나는 누구인가' 하는 의미심장한 글을 쓰다가 지우고, 쓰다가 지우는 도중에 스르륵 잠이 들어서는 아침에 소스라치게 놀라 컴퓨터를 확인하는 것이다. '휴, 하마터면 2007년에 여고생이 믹시[15]에나 쓸 법한 내용을 올릴 뻔했네' 하고 몸서리를 치는 게 보통이다. 그런데 이번에는 평소와 느낌이 조금 달랐다. 말하자면 대담회에 앉아 있던 나는 정신과 의사였는지 아니면 작가였는지 스스로도 너무 애매했다는 생각이 들었기 때문이다.

"뭐든 상관없잖아?"

배우 나가세 도모야[16]처럼 거친 말투로 중얼거려

---

15 2007년쯤 일본에서 유행했던 SNS 사이트로 우리나라 싸이월드와 비슷하다.
16 상남자 캐릭터를 자주 연기한 일본 유명 배우.

보지만, 동료들은 아무런 반응이 없다. 제아무리 내가 나가세 도모야처럼 말해봤자, 그건 어디까지나 내 생각일 뿐이고 그들에게는 그저 평소의 내 말투로 들렸을 테니까. 그렇게 무슨 말을 하고 있는 건지 나도 모르는 채로 또다시 번민하기 시작했다. 그러한 대담회 자리에서는 어떤 입장에 있는지에 따라 발언하는 내용이 크게 달라지기 때문이다.

『위선자론』은 소설가이자 배우인 마치다 고가 잡지 『부인화보』에서 '논문과 소설과 수필이 섞인 메뉴'라고 평했듯이 장르가 다소 불분명한 책이다. 반면 『놀이』는 명백한 소설이기에 대담회에서는 주로 소설의 내용이나 작법에 대한 질문 혹은 논의가 많았던 것으로 기억한다. 그래서 나 역시 주로 작가의 관점에서 이야기를 나눴다.

물론 이 등장인물의 성격이 이렇게 된 것은 어린 시절 엄마와의 관계에서 비롯됐다든지, 내가 보는 환자 중에도 이런 유형의 사람이 많다는 등의 이야기가 나오면 정신과 의사의 입장에서 발언하기도 했다. 하지만 그럼에도 시종일관 작가의 입장에서 발언하고자 신중을 기했다. 그 자리의 분위기나 무의식적인 느낌상 지금은 작가로서 말해야만 할 것 같았기 때문이다. 그건 바로 이 순간 대담회를 시청하는 사람 중에 분명히 내 환자도 있으리라는 판단에서였다.

정신과 의사로서 공적인 자리에서 하는 발언은 내 의도와는 상관없이 환자에게는 담당 의사인 오규 가미유가 보내는 개인적인 메시지로 전달될 가능성이 있다. 가령 내가 "아침에는 일찍 일어나는 편이 좋습니다" 하고 말하면(그런 말은 하지 않겠지만) 나의 환자분은 "응? 일찍 일어나라고?" 하며 무겁게 받아들이면서 굳이 매일 아침 일찍 일어나는 것이다. 한마디로 나에게 진료를 받고 간 상황이 되는 셈이다. 물론 작가의 입장에서 말을 해도 결국 내가 한 말이니 같은 식으로 받아들일 수도 있다. 하지만 책의 서두 속 장면을 어떻게 쓰게 됐는지와 같은 이야기는 정신 건강 쪽과는 거리가 있으므로 그럴 확률이 비교적 낮다.

다만 내가 쓴 시나 소설을 읽고 자신의 이야기를 쓴 것은 아닌지 혹은 자신에 대해서도 그렇게 생각하는 건 아닌지 신경 쓰는 환자들이 있다. 이제는 의도와 상관없이 내가 하는 모든 이야기가 진료 상담으로 받아들여지는 상황을 피할 수 없을지도 모르겠다.

전공의 3년 차쯤 되면 정신과 의사가 지녀야 할 기본적인 태도로써 환자에게 지나치게 자신을 드러내지 말라는 교육을 받는다. 전공의들은 개인 정보를 알려주지 말라는 이야기 정도로 가볍게 받아들인다. 그래서 "언제든지 연락해도 된다며 전화번호를 건넸다가 매일 밤 100통 이상의 전화가 걸려 와서 애를 먹은 선배가 있었다"라는 믿기지 않는 일화를 덧붙인다. 실제로 이러한 가르침에는 학술적인 배경이 뒷받침되어 있다. 이른바 '분석자의 익명성[***]'으로 정신분석 치료자가 익혀두어야 할 지침이다.

이 개념이 좀 더 친숙한 형태로 설명된 것이 환자의 전화로 애를 먹은 선배의 일화다.

'분석자의 익명성'이란 정신분석 현장에서 환자가 자유롭게 연상하고 치료가 순조롭게 진행될 수 있도록 치료자는 거울과 같은 존재로 있어야 하며, 치료자의 인간적인 특징이 가능하면 드러나지 않도록 해야 함을 의미한다. 다만 현실에서는 입고 있는 옷이나 표정, 방 안의 물건 등으로부터 치료자 개인의 특성이 드러날 수밖에 없어서 완벽한 '익명성'은 사실 불가능하다. 그럼에도 가능하면 이를 지켜야 한다는 것이 오랜 통설이다.

이와는 다르게 환자에게 노출되는 치료자의 현실적인 조건들이 치료에 영향을 미친다고 보는 입장도 있다. 앞에서 예로 들었던 옷이나 결혼반지 등 진찰하기만 해도 환자에게 노출되는 치료자[***]의 개인적인 측면이 치료에 어떤 영향을 미치는지 보는 것이다. 이는 정신분석뿐 아니라 정신과 진료 전반에 필요한 관점인데, 이 '환자에게 노출되는 부분'이 최근에는 훨씬 넓어지고 있다.

지금은 인터넷과 SNS가 발달해서 의사의 이름만 검색하면 뭐든 하나라도 걸려 나온다. 그가 SNS에 어떤 글을 올렸는지, 어디에 '좋아요'를 눌렀는지, 무슨 내용을 공유했는지까지 삽시간에 알 수 있다. 당연히 내 이름도 검색만 하면 X나 인스타그램 계정은 물론 대학 시절 검도부로 활동했던 사진까지 볼 수 있다. 또한 이 책을 포함해서 내가 지금까지 낸 책도 바로 구입해서 볼 수 있다. 이건 뭐 찢어진 청바지를 입은 정도가 아니라, 작은 천 조각만 허리에 두른 정도의 노출 수준이다.

그렇다면 모든 책을 판매 중지시키고 SNS 계정을 삭제해버리면 괜찮지 않을까 싶지만, 2003년 스기나미구 중학 테니스 대회 결과는 여전히 돌아다닐 것이다. 그전에 이미 내가 쓴 논문들도 줄줄이 공개되어 있으니 아무런 의미가 없다. 차라리 이러한 현실을 빨리 받아들이는 편이 낫다.

2장에서는 '곳곳에 노출되어 있는 나'에 대해서 생각해 보고자 한다. 지금까지 논의해 왔던 주제들의 연장선에 있는 이야기도 있고 그렇지 않은 내용도 있다. 정신분석이 아닌 일반적인 정신과 진료의 관점에서 보면 과거의 기억을 있는 그대로 끄집어내기란 사실 어려운 일이니 이 점은 이해해 주었으면 좋겠다. 2장의 내용을 한 문장으로 설명하자면 학교 선생님과 학생 혹은 아이돌과 팬의 상황처럼, 각자의 세상이 나뉘어져 있는 직업적 관계에 공통하는 이야기가 될 것 같다. 혹은 '무대 뒤편의 가려진 이야기'라고 보는 쪽이 적절할지도 모르겠다.

그건 그렇고 너무 고통스러워서 기억이 지워진 모양인데 이제야 떠올랐다. 대담회가 끝난 뒤 기노쿠니야 웹 사이트에 올릴 PR 동영상을 촬영하는 시간이 있었다. 사쿠라 마나 씨는 이런 자리에 익숙한지라 프로답게 자신의 책을 소개하며 깔끔하게 촬영을 끝냈다. 나는 옆에서 감탄하고 있었는데 어째서인지 이어서 "이번에는 오규 가미유 선생님께도 부탁드릴게요!" 하는 것이다. 하는 수 없이 나도 카메라를 보면서 "기노쿠니야 웹 사이트를 방문해 주신 여러분, 안녕하세요. 저는 오규 가미유입니다" 하는 식의 멘트를 날리고 말았다. 일반인인 내가 음악 방송이나 버라이어티 프로그램 같은 예능에서나 볼 법한 멘트를 당연하다는 듯이 해내야만 했던 것이다. 정말로 쥐구멍에라도 숨고 싶었다.

그나마 당시에는 막 이벤트가 끝나고 흥분감이 채 가시지 않은 터라 마치 내가 연예인이라도 된 듯 연기할 수 있었다. 하지만 집에 와서 곰곰이 생각해 보니 연예인도, 뭐도 아닌 내가 그랬다는 사실에 이 동영상마저 환자들에게 노출되는 건가 싶어 절망스러웠다. 한편으론 오히려 연예인인 척 연기하고 있어서 의외로 나를 감추는 데 성공하지 않았나 싶기도 했다. 그러자 무엇이 나를 노출하는 것이고, 무엇이 나를 숨기는 것인지 헷갈리기 시작했다. 참고로 그 영상은 다행히 아직 올라오지 않았다.

어차피 대부분은 무명

나는 에이벡스[17] 소속도 아니고, 하이브 레이블스 재팬[18] 소속도 아닌, 국립병원기구[19]에 속한 평범한 일반인이지만 그럼에도 가끔 "사인 해주세요!" 하는 분이 있어서 참으로 부끄럽다.

물론 책을 낸 적이 있으니 저자로서 독자에게 사

---

17 일본 연예 기획사이자 음반 레이블.
18 국내 연예 기획사 하이브 산하의 일본 레이블.
19 지금은 게이오기주쿠 대학 병원에 소속되어 있다. (저자 주)

인을 해주는 상황이 그리 이상할 건 없다. 하지만 무릇 '사인'이라 함은 "끼야악~" 하고 소리 지르는 팬이 주변에 1만 명 정도 있는 상황에서 선글라스를 낀 스타가 슥슥 손목을 돌려가며 쓰는 것이라는 이미지가 있어서, 이걸 나 같은 일반인이 한다는 사실에 위화감이 드는 것이다.

내가 하는 사인에는, 비유하자면 "우와! 음악을 한다고? 나중에 유명해지면 자랑해도 되지?" 하면서 동급생이 장난 반 진담 반으로 사인해달라는 요청에 "으, 으응……" 하고 얼굴을 붉히며 연습해 둔 모양을 뻣뻣하게 그리는, 아직 1도 유명해지지 않은 고교 밴드의 어색한 분위기가 감돈다.

완전한 스타가 10이고, 아직 조금도 알려지지 않은 무명 밴드가 1이라면 나는 아무리 좋게 봐도 2나 3 정도의 수준이다. 그래서 지금껏 누가 사인을 해달라고 하면 '이 사람 진짜로 내 사인이 받고 싶은 건가', '아니면 2나 3 정도의 사인임을 알면서 나를 놀리려고 일부러 이러나' 하며 피해망상에 빠지곤 했다. 이건 또 이대로 곤욕스러워서 요즘에는 큰맘 먹고 나도 5 정도는 된다는 분위기를 풍기면서 자신감 넘치게 사인을 하기로 정했다.

그런데 친구나 적어도 지구상에 3명 정도는 있을 내 책을 좋아하는 팬으로부터 사인 요청을 받을 때는 괜찮은데, 환자나 그의 가족이 사인을 해달라고 하면 몸이 뚝딱거린다.

시인으로 데뷔한 해와 정신과 의사가 된 해가 같다 보니, 담당하고 있는 환자의 병실에 내 시집이나 의학서가 진열된 경우가 종종 있다. 또 환자가 퇴원할 때면 가족들이 책에 사인을 부탁하거나, 외래에서 환자가 "선생님, 저도 샀어요!" 하면서 책을 가지고 들어오기도 한다. 이런 상황을 지금까지 적어도 100회 이상은 겪었다. 이제는 나의 일상 속 한 장면이 된 터라 곰곰이 생각해 봐야 할 상황이다.

일단 사인 요청을 받으면 진료 중이든 아니든 너무 부끄러워서 견딜 수가 없다. 진지하게 점잔을 빼고 이야기를 하고 있는데 느닷없이 『국경과 JK』 같은 제목의 시집을 내밀면, '아이고 시에 큰 관심도 없을 텐데 일부러 사주셨네' 하는 미안한 마음이 든다. 아울러 한층 더 내가 2나 3 정도의 인간이라는 사실을 뼈저리게 느낀다.

또한 '진료'라는 관점으로 보면 사인을 하는 행위에는 다양한 심리학적 의미가 포함된다. 우선 사인이 진료에 부정적인 영향을 미치지는 않을지 걱정이 앞선다. '의사-환자'라는 관계에, '저자-독자' 혹은 '저자-팬'과 같은 다른 관계가 끼어들면 의사를 '치료자'라기보다 '최애', '짝사랑남', '동경의 대상'처럼 바라보게 해서 치료에 걸림돌이 될 우려가 있기 때문이다.

그렇다고 모든 진료에 악영향을 미치는 것은 아니다. 정신분석과 같이 의사와 환자의 양자 관계가 치료에 있어서 매우 중요한 사항이라면, 사인을 주고받는 행위가 관계에 혼란을 줄 가능성이 있으므로 바람직하지 않다. 하지만 정신과 병원 돌봄 센터에 다니는 환자가 "선생님, 저도 책 샀어요! 사인 좀 해주세요!" 하는 느낌으로 사인을 요청한다면 오히려 해주는 편이 치료에 긍정적인 효과를 낸다. 같은 병원과 외래에서 만나는 환자더라도 사인을 하지 않는 편이 좋은 사람, 해도 괜찮을 것 같은 사람이 나뉜다. 혹은 사인을 거절하는 편이 좋을 것 같았는데 분위기상 어쩔 수 없이 해주었지만 결과적으로 아무런 문제가 없었던 사람도 있다. 정신분석에 가까운 치료일수록 일종의 경계를 침범할 우려가 있기 때문에 하지 않는 편이 좋고, 여기서부터 멀어질수록 판단하기가 까다롭다.

    이는 진료 중에 어느 정도까지 나를 노출해야 할지 하는 문제와 맞닿아 있다. 나를 노출함으로써 환자와 서로 친근감을 느끼고 사이가 더욱 가까워져서 치료에 긍정적인 영향을 미치리라 보는 입장은 지극히 일반적인 시각으로, 무시할 수 없는 진실이기도 하다. 반면 의사인 나를 노출함으로써 예기치 못하게 날것 그대로의 나를 환자에게 내보이면서 혼란을 주는 경우도 있다. 그렇기에 사인을 해야 할지, 말아야 할지에 대한 문제는 아무리 생각해 봐도 전부 하거나, 하지 않거나 둘 중 하나로 통일하기에는 무리가 따른다. 그저 명백하게 하지 않는 편이 좋을 때와 해주는 편이 좋을 때가 존재한다 정도로만 결론을 내릴 수 있을 것 같다.

대부분의 경우 나는 사인을 해주는 편이다. '사인쯤이야 그냥 하면 되는 거지, 그게 뭐라고 이리 고민이야' 하는 상식적인 감각도 무시할 수 없다. 다만 사인을 하려는데 이상하게 하기 싫다는 느낌을 받을 때면 그러한 느낌을 받았다는 사실 자체를 진료에 참고하려고 한다.

그런데 이렇게도 공상해 본다. 만약 내가 의심의 여지가 없을 만큼 유명해진다면 어떻게 해야 할까. 그럴 일이야 절대 없겠지만 만약 내가 다모리 씨[20]

---

[20] 일본의 국민 MC라고 불릴 만큼 유명한 원로 배우이자 개그맨.

정도로 세상 사람들에게 알려지면 10의 사인은 가능할지라도 지금처럼 진료를 계속 볼 수는 없지 않을까.

그런 극단적인 경우를 떠올려보면 진료를 위해서는 나라는 인간이 세상에 공개되지 않는 편이 좋을 것 같다 싶다가도, 앞으로도 쭉 10의 사인은커녕 5의 사인도 할 일이 없으리라는 예감도 든다. 왜냐하면 나를 처음 만난 환자 대부분은 내가 책이나 시를 쓴다는 사실을 전혀 모르기 때문이다. 보통은 한참이 지나고 나서야 우연히 인터넷 검색으로 발견하고 "어머, 책을 쓰셨네요" 하고 알아줄 뿐이다.

이는 내 책이 그리 유명하지 않아서이기도 하지만, 만약 내가 이다음에 세기의 걸작을 써서 아쿠타가와상이나 서점 대상을 타더라도 비슷할 것 같다. 아니면 별안간 내가 영화감독이 되어 칸국제영화제에 초청받는다든지, 내가 부른 곡이 빌보드 차트에 오르거나 혹은 전국 씨름 대회에 출전해 우승을 차지하더라도, 초진 온 환자가 단번에 나를 알아보며 '우와! 오규 가미유네! 악수라도 해야겠다' 하는 반응을 보일 일은 없어 보인다. 여전히 대부분은 내 얼굴을 알아보지 못하고, 간혹 몇 명이 우연히 인터넷 검색을 하다가 알게 되는 지금의 수준에서 크게 벗어나지 않을 것이다.

무슨 말이냐 하면, 어떤 사람이 아무리 대단한 업적을 남겼더라도 보통은 얼굴을 보자마자 "우와! ○○다!" 하고 알아볼 정도로 유명해지기는 어렵다는 뜻이다. 예를 들면 스즈키 이치로나 오타니 쇼헤이 정도의 유명인이라면 한눈에 알아보겠지만, 지난 시즌 퍼시픽 리그에서 MVP를 수상한 타자의 얼굴은 다들 잘 모른다. 조금 실례가 되는 이야기지만 야구팬이 아닌 이상 대부분의 사람은 그런 일이 있었는지조차 알지 못한다.

심지어 인기 보이 그룹 '스노우 맨'의 멤버가 정신과 의사로서 진료실에 앉아 있다고 해도 "응? 스노우 맨 아니야?" 하고 알아보는 사람은 많지 않다.

물론 스노우 맨 중 누구냐에 따라 확률은 달라지겠지만, 그중에서 제일 유명한 메구로 렌 씨일지라도 얼굴이나 이름을 알아보는 사람이 의외로 많지 않다. TV를 자주 보는 사람이라면 '에이, 못 알아볼 리가 없잖아' 하고 코웃음을 치겠지만, 우리 주위에는 생각보다 유명 인사에 대해 무감각한 사람이 많다. 얼굴이나 이름만 보고도 바로 누구인지를 알아볼 정도로 유명한 사람은 매우 극소수이고, 대부분은 한참 뒤에 우연히 인터넷 검색을 통해 알아차릴까 말까 하는 정도다.

결론적으로 말하면 정신과 의사가 세상 사람들에게 아무리 널리 알려진다고 해도 10만큼 유명해지는 경우는 극히 드물고, 그 외에 나머지 1~9까지의 사람들은 다 거기서 거기라는 뜻이다. 정신과 의사인데 길거리 공연을 다니며 팔로워 39인을 자랑하는 싱어송라이터나, 정신과 의사이면서 책을 내고 시를 쓰는 나, 정신과 의사인데 올림픽에 출전하거나 본명으로 X에서 활발하게 활동하는 사람 모두 한참 뒤에야 우연히 인터넷 검색을 통해 알아차릴 정도의 유명세를 가졌을 뿐이다. 그들이 병원 밖에서 무슨 일을 하는지는 쉽게 드러나지 않는다. 노출의 정도라는 관점에서 보자면 1~9까지는 그다지 큰 차이가 없는 셈이다.

그러한 의미에서 인터넷에 검색했을 때 무엇이든 하나라도 관련 정보가 튀어나오는 사람이라면 환자가 언제든지 나와 관련된 콘텐츠를 볼 수 있고, 또한 전혀 모를 수도 있다는 현실을 받아들이고 진찰하는 자세가 필요하다. 요즘은 거의 모두가 무명인 동시에 또 유명하니 말이다.

연예인은
치아가
생명

'연예인은 치아가 생명'

불현듯 어릴 적 TV에서 봤던 치약 광고의 문구가 떠오른 이유는 거울에 비친 내 이가 너무 누렇게 보였기 때문이다. 그렇다고 양치질을 게을리하지도 않았고 매일 치아에 누런 페인트를 바르는 이상한 취미를 가진 적도 없다.

물론 나는 연예인이 아니니 치아가 나의 생명까지는 아니다. 하지만 기왕이면 누렇거나 까맣기보다는 새하얘야 깨끗해 보이고 상대에게 좋은 인상을 준다는 걸 잘 알고 있다. 이는 '펜실베이니아 대학에서 치아가 까만 학생, 누런 학생, 하얀 학생을 300명씩 모집해 실시한 연구로 밝혀졌다'라는 존재하지도 않는 실험 결과를 거론할 필요도 없을 만큼 모두가 인정하고 있는 사실이다. 치아는 새하얀 편이 좋다.

그렇다면 나는 왜 이가 누렇게 변색될 때까지 방치해 두었을까. '30대를 넘어서니 남의 시선을 의식하는 마음이 사라진 걸까'라고 자문자답해 보니 변명같이 들리겠지만 코로나와 관련이 있어 보였다. 즉, 마스크 덕분에 남들에게 치아를 보여줄 기회가 크게 줄면서 점차 신경 쓰지 않게 된 것이다. 아니면 깨어있는 동안 커피나 홍차를 쉴 새 없이 마셔온 탓인지도 모르겠다. 아무리 이를 열심히 닦아도 착색은 피하기 어려운 모양이다.

알게 된 이상 이대로 내버려둘 수는 없었다. 자고로 연예인은 치아가 생명이니까. 그렇게 나는 내가 일반인이라는 사실도 잊어버린 채 치아 클리닝을 위해 치과를 예약했다.

치과는 틀림없이 의료 분야인데 어찌 된 일인지 일반 의학부에서는 가르치지 않는다. 그래서 의사인 나도 치아에 대한 지식은 하나도 없다. 정체를 알 수 없는 엄청나게 아프고 무서운 일들이 입안에서 벌어지리라는 심정으로 벌벌 떨면서 클리닝을 받았다.

처음과 마지막에는 세련된 느낌의 여성 의사가 시원시원하게 설명해서 안심이 되었지만, 워낙 환자의 입장에 서 본 적이 많지 않아서인지 중간에는 꽤 긴장되었다. '아, 환자들이 이런 부분에서 불안해하고 또 의사가 이렇게 정성껏 처치를 해주면 안심이 되는구나' 하면서 큰 공부가 되기도 했다.

거기까지는 좋았는데 그다음부터가 문제였다. 집에 가는 전철에서 무의식적으로 좀 전에 만난 여성 의사의 이름을 구글에 검색해 본 것이다. 심지어 "아, 이 대학 출신이구나, 나보다 한참 어려 보이네" 하고 혼잣말까지 중얼거렸다.

그건 그야말로 밉상, 비호감, 진상 셋이 모여 식당에서 온갖 추잡한 행동을 다 하는 경우와 다름없을 정도의 모습이었다. 부감 샷으로 내 행동이 찍힌 영상이 흘러나온 순간 모두 얼음 상태로 인상을 찌푸렸을 것이다. 잽싸게 검색 이력을 지우고는 지금 대체 무슨 짓을 했는지 반성했다. 전철에 있는 승객 모두가 나를 한심한 눈으로 째려보는 느낌이었다. 내가 대체 무슨 짓을 한 거지? 나 도대체 뭐 하는 사람이야?

'에이, 첫눈에 반한 거 뭐 그런 거 아닌데요' 하면서 아이처럼 해맑게 변명도 해보지만 어쩐지 더 기분만 나빠졌다. 절대 이상한 속셈이 있어서 검색한 것은 아니었지만 한 명의 의사로서가 아닌 개인으로서 그 사람에 대해 좀 더 알고 싶은 마음에 검색한 것은 사실이었다.

그녀와 가까워지고 싶은 마음에 그런 건지, 상대의 개인 정보를 몰래 훔쳐보고 싶었던 건지, 사적인 부분을 파악해서 의사에게 심리적으로 더 의지하고 싶었던 건지 이유는 나조차도 명확하게 알 수 없었다. 다만 이러한 경험이 결코 처음은 아니라는 것만큼은 확실했다. 가벼운 인연으로 알게 된 사람이더라도 '한번 검색해 볼까' 하는 궁금증이 일 때가 있다. 고백하자면 나는 몰래 남의 이름을 훔쳐보고는 메모해 둔 적이 여러 번 있다. 물론 남녀불문하고 말이다.

관점을 달리 해보면 아마도 나 혼자만 이렇게 진상에 비호감에 밉상은 아니지 않겠냐는 생각도 든다. 왜냐하면 평소 진료를 보며 많은 환자들이 내 이름을 인터넷에 검색하리라고 예상하기 때문이다. X에서 지나가는 말로 남긴 글마저 확인당하고 있을 가능성도 있다. 어쩌면 그들 중 일부는 내가 느낀 감정과 똑같이 머릿속에서 밉상, 비호감, 진상 셋이 모여 식당에서 온갖 추잡한 행동을 다 보이는 상황을 떠올리며 스스로에게 정이 떨어져서는 가만히 스마트폰 화면을 꺼버렸을지도 모를 일이다.

"선생님, 시인이셨어요?"

진료실에서 이렇게 대놓고 말을 꺼내는 사람은 빙산의 일각이다. 그도 그럴 것이, 나도 그 치과 의사에게 "선생님 이름을 구글에서 찾아봤어요"라고는 절대 말 못 한다. 이상한 사람으로 오해받고 싶지 않기 때문이다. 즉, 이는 대부분의 사람이 알고는 있지만 말하지 않는 은밀한 영역인 것이다.

그래서 때로는 환자를 진찰할 때 진료실 밖에 존재하는 문맥을 빌려와야 할 때가 생긴다. 무슨 말이냐면, 문예지에 게재된 내가 쓴 소설의 주인공이 했던 생각과 거의 비슷한 내용의 이야기를 꺼내는 환자가 있다는 것이다. 내 에세이나 시집 등에서 쓰였던, 일상에서라면 절대 사용하지 않을 만한 표현이 환자의 입에서 툭 하고 날아오면 이는 내 글을 읽었기에 하는 말인지, 아니면 우연히 똑같은 말이 나온 것인지를(참고로 이런 우연이 없지도 않다) 먼저 생각하는 것이다.

실제로 환자가 읽었는지 아닌지는 둘째 치고, 자신의 창작물을 공개한 이상 이와 같은 잘못된 의심과 망상은 피할 길이 없다. 이는 오직 진료실 안에서의 대화만으로 환자와 의사 사이에 어떠한 마음의 상호작용이 일어났는지를 객관적으로 바라보는 사고방식이 곤란해졌다는 것을 의미한다.

    심지어 요즘에는 정신과 의사가 SNS나 유튜브 등에 콘텐츠를 올리기도 한다. 환자의 치료나 진료에 도움이 될 수 있도록 심리 교육 등을 주제로 콘텐츠를 제작하는 것이다. 일종의 역발상이다. 이것이 진료에 어떤 영향을 미치는지는 잘 모르지만, 아마도 내가 경험한 일이 더 확장된 형태로 일어나는 게 아닐지 추측한다.

    환자가 의사의 저작물을 읽거나 유튜브 채널을 구독하면, 그 내용이 의료 행위나 심리 교육과 직접적인 관련이 있든 없든 이미 웹상에서 '작가 혹은 유튜버로서의 의사'와 관계성이 형성된다. 이를 통해 환자는 갖가지 공상을 한다. 예를 들면 웹상에서 의사를 보고 환상을 품고 있다가 외래 진료를 보러 오는 사람도 있다. 이러한 환자를 어떻게 바라봐야 할지에 대해서는 오래전부터 의견이 분분했다.

한편 애초에 관계가 전혀 없었던 상태, 가령 내가 그랬듯이 초진이 끝나고 나서야 이름을 검색하는 사람도 있다. 갖가지 정보를 얻은 후에 고민하다가 재진은 하지 않기로 하는 것이다. 또 예약하려다가도 의사의 이름을 검색해 보고 '아, 여기는 좀 그렇네, 다른 데로 알아봐야겠다' 하는 경우도 있다. 환자와 의사라는 관계가 발생하기도 전에 일어나는 문제인데, 자신의 창작물을 웹에 공개해 두면 이처럼 초장부터 입구를 봉쇄당할 가능성도 있다. SNS 등으로 환자가 의사의 진료실 밖의 모습을 엿보기 쉬워진 요즘은 의사라면 누구나 이와 같은 부분을 염두에 두어야 한다고 생각한다. 혹은 반대로 일부러 뭔가를 공개해 두는 방식도 취할 수 있겠다.

이런 생각들을 하는 와중에 그 치과 의사 선생님과 내가 SNS에서 공통 지인이 있다는 사실을 알게 되면서, 순간 사적인 부분까지 엿보고 말았다. 이런,

스스로 찾아봐 놓고 이런 말을 하는 게 조금 그럴 수 있지만 '이렇게 사적인 영역까지는 알고 싶지 않았는데' 하는 생각이 들었다. 모든 환자가 당연하게 나에 대한 정보를 찾아보리라고 여겼는데 어쩌면 반대로 이런 걸 싫어하는 사람도 있겠구나 싶었다. 나는 조용히 스마트폰 화면을 끄고는 '그건 그거, 이건 이거'라고 인식을 전환한 다음 다시 치과로 향했다. 내 치아는 정기 진료 덕분에 30년 전의 아즈마 미키히사[21]처럼 새하얗게 반짝이기 시작했다.

---

21 1990년대에 활약했던 일본의 유명 남배우.

다중 관계

내가 이 책 외에 지금 쓰고 있는 논문은 내과 외래에서 사춘기 환자를 진료하는 방법에 대한 연구다. 그래서 갖가지 선행된 연구를 책이나 논문으로 읽고 있다. 나는 주 1회 내과에서 외래를 보고 있는데, 그곳에는 신체 질환을 앓고 있는 환자들도 오지만 한편으로는 신체 증상을 주로 호소하나 신체가 아닌 스트레스를 원인으로 오는 사람도 많다. 이러한 사람에게는 정신 요법을 실행한다. 쉽게 말해 상담 치료다.

하지만 내과에는 몸이 아픈 사람이 정말이지 쉬

지 않고 오기 때문에 정신과처럼 한 명당 50분까지 진료 시간을 할애할 수 없어서 가능한 한 빨리빨리 환자를 진찰해야 한다. 따라서 평소와 같은 상담 치료로는 시간을 맞추기 어려워 방법을 달리하곤 한다. 그러한 내용을 논문에 쓰고 있는데, 이를 먼저 연구했던 '마이클 발린트 Michael Balint'라는 헝가리 정신분석학자(이자 정신과 의사)가 1961년에 쓴 서적****을 참고하고 있다.

그 책을 읽으면서 발린트가 어떤 생각을 했는지 공부하고 있는데, 한 번 읽고는 깜짝 놀랐다. 지금과 혹은 지금의 일본과 상황이 달라도 너무 달랐기 때문이다. 발린트는 가정의·주치의(감기에 걸렸을 때 찾아가는 의사 정도로 생각하면 된다)들을 대상으로, 일반적인 내과 치료를 받으러 온 환자에게 시행하는 정신요법에 대한 연구 모임을 진행했다. 책에는 그곳에서 다뤄졌던 사례 등이 쓰였는데, 이게 지금으로는 도저히 상상하기가 어려운 측면이 있다. 예를 들면 배가 아파서 가정의 M을 찾아간 Q 부인은 처음에는 복통 증상에 대한 처치를 받았지만, 복통이 신체 질환에서 유래하지 않았음이 밝혀지자 그 의사에게 정신요법을 받는다. 그리고 이 치료가 끝나자 이번에는 자신의 분만까지 M 의사에게 맡긴다.

무슨 말인지 와닿지 않을지도 모르지만, 이것은 보통 있을 수 없는 일이다. 가정의가 내과 질환과 정신 질환을 동시에 보면서 분만까지 맡아 한다는 이야기는 어디 외딴섬이나 도시로부터 멀리 떨어진 외진 마을이면 몰라도 일반적으로는 없다.

그래도 이것뿐이라면 여러 분야를 다룰 줄 아는 의사가 대단하다며 그럴 수도 있겠다고 끝날 텐데, 직접 상담 치료를 해주었던 사람의 분만을 같은 의사가 담당한다는 부분은 도저히 납득할 수 없었다. 기본적으로 정신과 의사는 환자와 '환자-의사' 이외의 관계는 맺지 않도록 교육받는다. 가령 환자-의사 외에 연인 관계가 있다면 바로 아웃이고, 환자-의사 관계이면서 술친구라든지, 스승과 제자라든지,

채소 가게 주인과 손님이기도 하다면 기본적으로는 모두 아웃이다.

    순수한 '환자-의사' 사이에 이외의 관계가 생기면 이를 '다중 관계'라고 부른다. 그런데 이 다중 관계가 왜 아웃인지, 어느 정도 선까지 안 되는지에 대해서는 대답하기가 까다롭다. 앞에서도 말했지만 다중 관계에서 가장 주의해야 할 분야는 정신과 치료 현장이다. 이해관계가 생기면 정신과 진료 중에 중립성과 객관성을 잃기 쉽기 때문이다. 또한 '환자-의사' 관계를 이용하여 의사가 환자를 비의도적으로 착취할 우려도 있다. 가령 내가 좋아하는 아이돌 그룹의 멤버가 외래에 와서 내 환자가 되었다고 하자. 그리고 평소에 신세를 지고 있다는 생각에 나에게 콘서트 관계자석 티켓을 주는 것이다. 이는 이중 관계에 해당하며 의사가 환자를 비의도적으로 착취하고 있는 상황이다. 그러니 나는 어쩔 수 없이 눈물을 머금고 이를 거절해야 한다. 아니 사실 그 전에, 담당 의사가 된 순간 '환자-의사' 관계이면서 동시에 '아티스트-팬'이라는 이중 관계가 발생했으므로 다른 의사에게 주치의를 부탁해야 맞다. 그러니 모두가 알 만한 최상급 유명인이라면 어떤 의미에서는 모든 의사와 이중 관계에 빠져 버린다. 이 경계선이 어디인지는 매우 모호하다.

그렇다면 정신요법이 이루어지지 않는 상황에서의 다중 관계는 괜찮을까. 가령 내과 혹은 외과라면 어떨까. 이때는 정신과 의사처럼 심각하게 여기지 않는 경우가 많다. 예를 들어 감기에 걸린 자녀를 의사인 부모가 진료하는 일은 흔하다. 이를 두고 다중 관계라고 비난하는 사람은 없다. 매우 드문 경우지만, 예전에 모 외과 병동에 입원한 환자가 건강해진 다음 그동안 보살펴 줬던 간호사와 사귀게 되었다는 이야기도 들어본 적 있다.

어쩔 수 없이 다중 관계에 빠지는 정신과 의사도 있다. 가령 동네 병원에서 일하다 보면 늘 다니던 채소 가게 직원이 환자로 오는 일도 있고, 환자와 같은 고등학교 출신이어서 알고 보니 친구의 친구인 경우도 있을 수 있다. 직원들의 정신 건강을 지키자는 취지에서 같은 병원 근무자들의 진찰을 부탁받는 경우도 있다. 그리고 내 경우에는 '저자-독자'라는 관계도 발생한다.

술집에서 합석해서 같이 술을 마셨던 사람이 환자로 오거나, 미팅으로 만난 사람이 정신과에 통원하게 되면서 동기 의사가 주치의를 맡는 경우도 있다. 또 '환자-의사' 관계로써 여러 번 진료하던 중에 초등학교 동창이었음을 알게 되거나, 모르는 사이에 SNS에서 서로의 팔로워가 되는 등 미묘한 다중 관계의 예는 일일이 헤아릴 수 없을 정도로 많다.

어느 선까지 다중 관계를 허용할지는 의사마다 조금씩 다르다. 나의 경우에는 정신적으로 힘들어진 친구가 진찰해달라고 몇 번인가 부탁한 적이 있었는데, 단호하게 거절하고 다른 의사를 소개해 주었다. 또 같은 병원의 직원들에게 어쩔 수 없이 부탁을 받을 때도, 가까운 사람의 진료는 거절하는 편이다.

다행히 지금까지 소개팅 앱으로 만났던 사람이 환자로 오는 당황스러운 일은 없었다. 물론 '만일 그러면 어떡하지' 하는 공상은 백 번도 넘게 해봐서, 어떻게 도망가면 될지 머릿속으로 경로를 짜 두긴 했다. 이렇게 말하면 내가 소개팅 앱으로 백 명이나 만나봤다는 얘기가 될 텐데, 이건 어디까지나 과장법으로 하는 말이다. 게다가 내가 소개팅 앱을 썼던 것도 어디까지나 옛날이야기이고 지금은 전혀 쓰지 않는다. 그런데 이렇게 지나간 이야기라면 어떤 비밀도 털어놓을 수 있는 건 왜일까. 충분히 나중에도 문제가 될 만한데 말이다. 어쩌면 20대 남성은 보통 미팅을 자주 하고, 소개팅 앱으로 연인을 만나거나 결혼까지도 하므로 충분히 보편적인 이야기라고 우기고 있는지도 모르겠다. 그건 그렇고 지금 나는 30대인데 왜 20대인 척하고 있을까. 뭐 나이를 살짝 속이는 정도니까 의사로서 윤리적으로는 아무런 문제가 없겠지? 아니, 문제가 있으려나.

아무튼 다시 본론으로 돌아가면, 발린트의 책에

서 흥미로웠던 부분은 그러한 다중 관계에 놓인 가정의에게도 정신요법이 성립한다는 점이다. 다시 말해 다중 관계가 존재하는 현실을 출발점으로 삼은 채, 그럼 이제 어떻게 하면 좋을지를 고찰한다.

다중 관계를 어디까지 받아들여야 할지는 매우 어려운 문제다. 하지만 불가피하게 발생한 다중 관계는 무리하게 해소하려 하기보다는, 그러한 관계가 존재하는 현실을 받아들이는 편이 유용해 보인다. 다중 관계가 환자와 의사의 관계, 나아가 지금 행해지는 진료에 어떤 영향을 미치고 있는지를 숙고해보는 쪽으로 승화시키는 것이다.

내 경우에는 '저자-독자' 관계가 발생하는 현실을 이제는 피할 수 없게 되었으므로 '문장, 책, 시, 소설, 쓰기, 위선자, 기질, 악의' 등 내 저작물과 관련된 단어를 내 안에 키워드로 등록해 두었다. 그리고 만일 환자의 말 속에 그 키워드가 등장하면 혹시 내 얘기를 하는 건 아닐까 하는 맥락에서 한 번은 생각해 보기로 했다. 이것 외에 미묘한 다중 관계가 존재할 때는 그것이 지금 진료에 영향을 주고 있지는 않은지 항상 주시하려고 한다.

하지만 아무리 신경을 써도 '주치의의 이름이 전 여자 친구랑 똑같다'라는 둥 '내가 너무 싫어하는 친구와 의사의 말투가 비슷하다'라는 등의, 다중 관계라고는 할 수 없지만 보이지 않는 다른 관계를 환자가 보고 있을 수도 있다. 역시 무슨 문제든 완벽하게 해결한다는 건 불가능한 것 같다. 따라서 누가 봐도 확실히 위험해 보이는 다중 관계를 제외한 일반적인 진료에서는 적당히 상황에 맞춰 대응하면 되지 않을까 싶은 생각도 있다.

'이도류'라는 착각

저자 소개 등에서 나를 정신과 의사이자 시인으로, 양립하기 어려운 두 가지 일을 겸하고 있다고 설명할 때가 있다. 그런데 최근에는 오타니 쇼헤이의 영향 때문인지 '이도류[22]'라는 표현이 자주 보인다. 내과와 정신과의 이도류 혹은 시와 소설의 이도류, 진료와 연구의 이도류 등 다양한 패턴으로 쓰이는데 그럴 때마다 올라가

---

[22] 二刀流, 양손에 칼을 들고 싸우는 검법. 투수와 타자를 겸하는 오타니를 빗대는 말로 자주 쓰인다.

는 입꼬리를 주체할 수가 없다. 어쩐지 내가 오타니 쇼헤이라도 된 느낌이 들어서다.

마치 세계적인 대스타와 어깨를 나란히 한 기분으로, '어때? 이런 거 아무나 못 하는 거야' 하면서 오타니라면 절대 하지 않았을 잘난 체를 하고 싶어진다.

"나는 이도류, 오규 가미유. 머지않아 <정열 대륙>[23]에서 섭외가 들어올 예정이고, 노래는 한 곡도 발표한 적은 없지만 <뮤직 스테이션>[24]에 출연해도 이상할 것 없는 사람이지."

머릿속에서는 일본 아카데미 시상식에서 남우주연상을 수상하고, 이듬해 또다시 자신이 자신의 이름을 수상자로 부르는 야쿠쇼 코지[25] 같은 내 모습이 자꾸만 아른거린다. 그렇게 나와 오타니 쇼헤이

---

23 일본 MBS의 장수 휴먼 다큐멘터리.
24 TV 아사히의 생방송 음악 프로그램.
25 2023년 칸영화제 남우주연상을 수상한 일본 배우.

가 동급이라고 단단히 착각한 채 의기양양한 얼굴로 레드카펫 위를 걷듯 하치오지역 근처를 지나고 있는데 음, 뭔가 이상하다. 나 말고도 많은 사람이 그런 얼굴로 거리를 걷고 있는 게 아닌가.

'아니, 당신은 누구?' 하는 심정으로 사람들을 가만 보니 ●●와 ▲▲의 이도류라고 자신을 설명한다. 에이, 그게 무슨 이도류야. 내 이도류와는 비교가 안 되지. 몹시 불쾌하고 또 김이 팍 샌다. 경멸과 동정이 섞인 느낌이 든다고나 할까.

그 외에도 여기저기에서 ●●와 ▲▲의 이도류가 날뛰며 돌아다닌다. 그중 한 아저씨가 오타니 쇼헤이의 날쌔면서도 용감한 표정을 따라하고 있기에 웃음이 터져버렸다. 그렇게 한바탕 크게 웃고 나니 웬걸 정신이 번쩍 든다. 어째서 나 자신은 오타니와 어깨를 나란히 하고 있다고 확신하고, ●●와 ▲▲의 이도류라고 허세 부리는 저 아저씨는 아무것도 아니라고 생각하는 걸까. 생각해 보면 둘 다 근거는 아무것도 없지 않은가. 결국 나 역시 터무니없이 스스로를 오타니라고 착각하는 아저씨 중 한 명으로,

다른 사람 입장에서 보면 그저 자신을 이도류라고 여기는 한심한 인간일 뿐이다.

구니마쓰 준와 선생님과의 대담집 『사춘기, 내과 외래에서 헤매다』를 보면 늘 거만하게 구는 의사를 두고 '자기가 니시코리 케이[26]인 줄 아네' 하는 말이 나오는데 지금 내가 딱 그렇다. 이도류라는 수식어구에 취해서는 내가 무슨 오타니 쇼헤이라도 된 줄 알았다.

참으로 부끄럽고 바보 같다. 애초에 오타니 쇼헤이의 이도류는 투수와 타자를 모두 할 수 있다는 의미로, 심지어 그 능력은 투수와 타자 모두 차원이 다른 수준이다. 세계 야구 역사를 봐도 '베이브 루스' 말고는 전례가 없을 정도다.

맞다, 이 정도는 다들 아는 얘기인가. 사실 이건 나 자신에게 들려주고 싶은 말이다. 그러니까 의사

---

[26] 아시아 최고 기록을 보유한 일본을 대표하는 남자 테니스 선수.

와 시인의 이도류라고 하면 적어도 의사로서는 신종 세균을 발견하여 24세에 노벨 의학상을 수상하고, 시인으로서는 뭐가 대단한지는 아무도 설명할 수 없지만 한 줄만 읽어도 인생이 180도 바뀌는 체험을 선사해 주는 엄청난 시를 써야 하는 것이다. 순식간에 전 세계 80개국에 번역되고, 티베트와 가나의 어린이들마저 줄줄 외울 정도라면 오타니 쇼헤이라고 할 만도 하다. 하지만 나는 전혀 그렇지가 않다.

일단 양쪽 분야에서 모두 프로라고 불리고는 있지만 그 정도로는 감히 이도류라고 해서는 안 될 말이다. 물론 원래의 의미로만 따지자면 이도류는 이도류지만, 그 정도를 이도류라고 부르면 비뚤어진 자기애에 불을 붙여 '스스로를 오타니라고 부르는 증상'을 불러일으키고 만다. 그대여, 눈을 뜨라. 나도 당신도 오타니가 아니다. "돌아와! 돌아와!" 하면서 심폐소생술을 하던 오다 유지[27]의 흉내를 내보지만, 그 옛날 드라마를 아는 사람이 여기 있을 리가 없다.

  고등학교 시절, 나는 수학으로는 1등을 하기 어려워 보이니 영어에 매진해 보자 했지만, 같은 반에 '모찌'라는 별명을 가진 외국에서 살다 온 아이가 있어서 이 역시 어렵겠다 싶어서 포기했다. 대신에 국어로 눈을 돌렸는데 이번에는 국어가 시험 과목이 아니라는 것이다. 하는 수 없이 총점으로 1등을 해 보려고 전 과목을 빠짐없이 공부했는데, 동급생 중에 지금 기린 연구자로 유명한 군지 메구 씨가 있어서 매번 종합 1등을 독차지했다. 결국 나는 한 번도 1등을 해 본 적이 없었다. 이럴 바에야 차라리 시를 쓰는 유일한 사람이 되어보자는 비뚤어진 생각으로

---

27 1990년대에 청춘스타로 활약했던 일본의 배우 겸 가수. 국내에서는 <춤추는 대수사선>으로 유명하다.

시를 쓰기 시작한 부분도 있었다.

다시 말해, 어떤 영역에서든지 1등을 해보고 싶다는 강한 욕구가 있었는데 한 번 실패하면 도망치듯 다른 영역으로 옮겨 가서, 거기서도 실패하면 이번에는 없는 영역을 만들어 내서라도 '온리 원'이 되고자 했던 것이다.

1등이 되고 싶다는 건 조금 부끄러운 욕망이다. 왠지 모르게 살짝 천박해 보이는 느낌이 있다. 순위에 연연하기보다는 '나는 그저 내가 해야 할 일을 할 뿐이다'라며 힘주어 말하는 쪽이 훨씬 더 멋있어 보인다. 하지만 내가 이런 말을 했다가는 앞에서는 태연한 척 "나는 시험공부에 그리 목메지 않아. 공부 말고도 할 일이 많기도 하고" 해놓고, 뒤에서는 밤새 공부해서 고득점을 따내는 사람이 될 것 같아서 그건 그대로 또 못나 보인다.

왜 1등을 하고 싶은 욕망이 있는지에 대해서 깊이 생각해 보면 아마도 자기애가 강해서인 것 같다. 즉, 내가 뭔가를 하고 있다는 사실만으로는 만족하지 못해서 1위나 상 같은 객관적인 결과가 없으면 나 자신이 인정받지 못한 느낌이 든다.

그런 나에게 '이도류'는 손쉽게 자기애를 만족시켜 주는 장치였다. 아마도 나처럼 소소한 일일지라도 두 가지 이상을 겸하고 있는 사람이라면 다들 똑같이 느끼지 않을까. 하지만 현실은 어느 하나의 영역에서 승부를 보지 못하고 도망쳐 나왔을 뿐이다. 그런 생각에 요즘에는 '누구도 의심하지 못할 만큼 심도 있는 전문 영역의 세상으로 나 자신을 한번 몰아넣어 볼까' 하는 계획도 갖고 있다. 세상 사람들의 시선을 의식하여 표현하자면 레드 오션에서 승부를 보겠다며 도망치지 않고 몰입한다는 건, 도망치는 데에만 능숙해진 30대 중반인 내가 멋있게 보이는 방법인지도 모르겠다. 어른이 되면 어떤 틀 안에서 승부를 내야만 하는 상황은 쉽게 회피할 수 있으니, 일부러 나를 도망치지 못하게 가둬두기 위한 기획이기도 하다.

하지만 사실은 잘 알고 있다. 한 가지에 아무리 목숨을 걸고 달려도, 어딘가에는 반드시 내 위가 있다는 현실을 말이다. 나보다 훨씬 재능 있는 사람이 최소한 100명은 있고, 역사적으로 살펴보면 아마 만 명도 넘을 것이다. A 영역에서 어떤 상을 받고 B 영역에서 1등이 되었다고 해도 A와 B를 더한 완벽한 이도류가 되기는 사실상 어렵다. 겨우겨우 붙잡았다 싶은 이도류는 알고 보면 그저 환영일 뿐, 실체는 아직도 한참 먼 곳에 있다. 세상에는 우리가 아무리 열심히 쫓아가도 잡을 수 없는 것들이 널려 있다. '쫓아가고 쫓아가도 잡히지 않는 것들뿐이야' 나도 모르게 차게아스[28]의 노래가 입에서 흘러나온다.

불현듯 나이도 그리 젊지 않은데 갑자기 '남성 메이크업'을 배우고 싶다는 생각이 든다. 그런 나 자신이 또 한심해져서는 허벅지를 세 번 정도 때렸더니

---

[28] 1990년대에 포크 음악으로 유명했던 일본의 듀엣 가수.

다리가 얼얼하다. 그런데 남성 메이크업이랑 나이는 상관없지 않을까. 이제 와서 남성 메이크업과 영화배우를 나의 이도류로서 목표로 삼아도 되지 않을까. 그러면서 야쿠쇼 코지의 말투를 흉내 내며 마치 수상자의 이름을 부르듯 "오규 가미유!" 하고 큰 소리로 외쳐 본다.

정신을 차려보니 나는 다시 정신과 의사이자 시인의 이도류로 돌아와 있다. 이도류의 환시다. 나는 양쪽 손에 든 두 칼이 모두 뛰어나기보다는 왼쪽 칼과 오른쪽 칼 사이의 시간과 공간에 나 혼자 우뚝 서 있는 사람이 되고 싶다. 비유하자면 '1+1=2'와 같이 각각 독립적으로 완벽한 이도류가 아니라, '1+2=1.7'처럼 양쪽이 서로 융합되면서 새로운 셈을 만들어 내는 것이 내 목표다. 이를 위해서 나는 왜 정신과 의사이면서 시인인지, 어느 한쪽으로는 왜 만족하지 못하는지, 그렇게 내 안에 있는 어떤 실체를 계속 찾아 나가고 싶다.

의사인 듯
형인 듯

진료를 보는 기술은 나날이 향상된다. 작년에는 몰랐던 사실을 올해는 안다거나, 이전에는 생각지도 못했던 부분을 말할 수 있을 때면 더할 나위 없이 기쁘다. 반대로 그런 기쁨이 전혀 느껴지지 않을 때면 진료를 보는 게 꽤 힘겨워지고, 그 와중에 운 나쁘게도 증상이 조금도 나아지지 않는 환자가 있으면 곧 발길을 끊겠구나 싶다.

어떤 일에 능숙해지려면 어떻게 해야 할까. 내 생각에는 실천과 학습, 양쪽을 병행해야 하는 것 같다.

실천만 해서는 자기만의 세계에 갇히기 쉽고 편견에 치우쳐서 사각지대가 커질 위험이 있다. 가령 운동선수도 공부도 하고 이론도 배워야 훈련의 질이 향상되는 법이다. 무턱대고 운동 연습만 하는 것보다 학습을 병행해야 효율적으로 기술을 익힐 수 있듯이, 진료 기술도 마찬가지다.

물론 학습에만 전념하는 것도 무의미하다. 아무리 책을 많이 읽어도 이론이 실제 현장에서 어떻게 쓰이는지 구체적으로 떠올릴 수 있어야 쓸모 있는 지식이 된다. 흔히 백문이 불여일견이라고 하는데, 한번 봄으로써 백문이 백견에 달하는 의미를 지니기도 한다.

천재적인 지능을 가진 사람이라면 실천만으로도 모든 이론을 습득하며 진료의 기술을 갱신할 테지만, 그렇지 않은 평범한 사람이라면 과거의 천재들이 밤새 고민하면서 고치고 또 고친 이론을 책이나 논문으로 배워야 한다. 이는 일종의 '치트 키' 같은 것인데, 천재들이 심혈을 기울여서 겨우겨우 얻어

낸 비법을 손가락 하나 까딱해서 열어보는 셈이다. 당연히 모르는 것보다는 아는 게 이득이다.

문제는 그러한 치트 키가 세상에 너무 많아서 아무리 공부해도 도저히 다 따라잡을 수 없다는 점이다. 그래서 실천 중에 맞닥뜨린 문제를 책에서 찾아보면서, 이와 관련된 천재들의 기존 치트 키를 우연히 발견한 뒤 학습하는 방식이 가장 자주 이용되며 효율적이다.

이렇게 말하면 과학은 나날이 발전하고 진보해 가므로 계속해서 갱신되는 최신 연구 결과를 쉼 없이 공부해야 한다는 뜻으로 들릴지도 모르겠다. 하지만 직접적으로 진료 기술과 연관된 연구는 주로 과거의 책 속에 있다. 최신 과학 논문 등이 의학 자체를 발전시킬지는 몰라도, 과거 천재들의 치트 키처럼 진료에 직접적인 도움을 주는 경우는 그리 많지 않다는 게 내가 받았던 인상이다.

천재들의 치트 키에도 여러 종류가 있는데, 내가

주로 관심을 두고 있는 분야는 환자를 어떻게 파악하고 다루느냐에 관한 지견이다. 간단히 설명하자면 특정 성격을 가진 사람에게는 친절하게 대하는 것이 오히려 좋지 않다든지, 이런 사람은 정확하게 시간을 정해두고 만나는 편이 낫다든지 하는 종류의 이야기다.

반대로 기존에 나와 있는 이론이 전혀 없을 때면 어쩔 수 없이 의사 자신만의 방식, 즉 인간성으로 승부하게 된다. 물론 이렇게 해서 점점 환자의 상태가 좋아진다면 그보다 좋을 수는 없겠지만 보통은 잘되지 않는 게 문제다. 그렇게 치료가 잘 풀리지 않는 사례는, 이를 백 년 전쯤 앞서서 경험했던 의사들이 '이런 길로는 가지 않는 게 좋다', '인간성으로만 승부하면 환자가 이렇게 되니 참고하라'는 등의 내용으로 발표해 놓은 경우가 많다.

그런 의미에서 말하자면 내가 자주 빠지는, 이론이 없는 까닭에 인간성을 발휘해야 하는 패턴에는 '형처럼 대하기'가 있다. 말 그대로 환자, 특히 나보다 어린 사람에게 자연스럽게 "지금은 너무 힘들겠지만 곧 나아질 거예요. 응원합니다" 혹은 "아이고, 울지 마세요. 제가 어떻게든 해볼게요" 같이 형처럼 대하는 태도를 말한다. 진료하다 보면 이런 태도를 자주 취하고 싶어진다.

중고생 혹은 대학생 정도까지의 환자에게는 이 '형처럼 대하기'가 효과적일 때가 있다. 이는 부모도 선생님도 아닌 '새로운 존재 New Object'로서 형처럼 행동하는 주치의를 환자가 받아들이고 성숙해지는 경우다. 사춘기 환자들에게 적절하다고 여겨지는 치료법과 가끔 일치하기 때문이다. 문제는 형처럼 대하는 태도가 치료에 전혀 도움이 되지 않고 오히려 악화시키는 상황도 있다는 것이다.

나이와 상관없이 왠지 모르게 내 안에서 '나를 따르세요' 하는 기운이 강하게 솟아나게 만드는 환자가 있다. 그러면 환자의 행동 하나하나를 전부 가르치고 싶어진다. 그래서 나도 모르게 "그게 아니라

바로 이런 겁니다" 혹은 "좀 더 이렇게 해야만 해요" 하는 식으로 말할 때가 많다. 하지만 내가 아무리 마음을 담아 설득해도 환자는 "알겠어요" 하고 외면할 뿐이다. 그다음 진료에서 보면 조금도 달라진 모습을 찾아볼 수 없고, 나는 더욱 답답해져서는 한층 강하게 환자를 가르치려는 성향을 보인다.

하지만 곰곰이 생각해 보면 그런 환자들의 마음이 이해가 가기도 한다.

"운동을 좀 더 하는 게 좋아요, 잠을 푹 주무세요, 그런 일들은 가급적 떠올리지 않는 게 좋아요."

이런 전문가로서의 내 조언을 가만히 생각해 보면 솔직히 누구라도 할 수 있는 말 아닌가. 다시 말해, 누구라도 할 수 있는 조언을 전문가라는 이름을 사용해 포장해서 전달하고 있을 뿐이다. 물론 정신요법으로써의 의미를 갖고는 있지만, 그 이상의 극적인 효과는 없다는 생각이 들기도 한다.

환자들을 대하다 보면 자연스러운 인간의 조합으로 형과 동생(혹은 오빠와 동생)과 같은 위치에 서게 되는 관계가 있다. 이는 환자라는 특성상 나보다 성숙한 사람을 찾고자 하는 마음과, 의사라는 특성상 연장자처럼 조언을 해주고 싶은 마음이 맞물리면서 발생하는 것으로 보인다. 그런데 이러한 인간 본래의 특성대로 내가 형처럼 행동하면, 환자가 지금껏 겪어왔던 형 같은 사람과 맺은 부정적인 관계를 그대로 반복하게 될 수도 있다.

더 큰 문제는 나는 의사로서 환자가 스스로 다양한 생각을 할 수 있도록 성장해 가는 과정을 지지해 줘야 마땅한데, 무의식적으로는 이를 저지하려는 마음도 갖고 있다는 점이다. 말하자면 의사인 내 입장에서도 형의 역할을 맡음으로써 오히려 위로받고 치료받는 측면이 있다. 환자가 미숙하여 아무것도 모르는 천진난만한 동생처럼 있는 편이 치료자의 입장에서는 편안한 것이다. 그래서 무의식적으로 나도 모르게 환자의 성숙을 억압하고 싶어하고, 실제로 그렇게 한 적도 있을 거라고 생각한다.

어디까지나 내 이야기라고 가정하고 말하고 있

지만, 사실 의사와 환자는 처음부터 서 있는 위치가 달라서 형과 동생과 같은 관계가 형성되기 쉽다. 많은 의사가 인간성만으로 승부를 보고자 했을 때 나와 같은 상황에 놓였을 것이다. 의료 현장뿐만 아니라 동아리 활동이나 배움의 현장에서도 비슷한 상황이 자주 벌어진다. 즉 지도를 받는 입장에서는 미성숙한 동생의 역할을 무의식적으로 강요받고, 지도를 하는 입장에서는 뭐든지 잘하는 형의 역할을 맡는 구도가 형성되는 것이다. 그리고 이 구도가 꾸준히 유지되지 않으면 그 관계는 지속되기 어렵다. 이때도 역시 형의 마음을 안정시키기 위해 동생은 야구든 춤이든 뭐든 형보다 못하는 상태로 머물러 있어야 한다.

조금 이야기가 옆으로 새버렸지만 이와 같이 '환자가 의사인 나를 치유해 주고 있다'라는 관점을 앞선 천재들에게서[*****] 배운 뒤로 치료에 대한 관점이 크게 달라졌다. 이러한 과정을 거치면서 스스로 변화해 가는 것이 숙달된 정신과 의사로 가는 하나의 길이라고 생각한다.

　환자의 입장에서는 다소 당황스러운 말일지도 모르지만, 임상의란 때로는 지금까지 내가 대체 무슨 짓을 한 건가 싶을 정도로 가치관이 크게 붕괴되기도 하고, 그 잔해 더미 위에서 완전히 새로운 나를 만들어가기도 한다. 따라서 이렇게 자신의 생각을 글로 써 내려가는 행위도 진료의 일부인 셈이다. 그러니 이 책을 다 썼을 때쯤에는 맨 처음 썼던 글을 모조리 다시 쓰고 싶어질 정도로 다른 사람이 되어 있다면 좋겠다.

선생님의
SNS 보고
있어요

의사나 시인이 되기 전부터 SNS를 했다. 처음 X를 시작했을 때는 믹시를 이어받은 느낌으로 시시껄렁한 잡담을 쓰거나 친구들과 우리만 아는 이야기를 신나게 주고받곤 했다. 그날의 기분을 끄적대고 '아, 졸려'라는 한 줄뿐인 글을 올리는 등 학생답게 그저 내 안의 감정을 있는 그대로 내보냈던 것 같은데, 사실 정확히는 내가 뭘 썼는지 잘 모르겠다. 당시에 본 드라마나 읽은 책에 대한 감상 정도를 쓰지 않았을까. 가끔은 앞으로 함께 일할지도 모를 사람에 대한 비판이나 요즘 시대에는 거센 비난을 받을 만한 차별적인 발언을 무심코 쓰진 않았을지 걱정도 되지만 이제 와서 모든 글을 다시 확인할 수도 없는 노릇이니 그냥 덮어 두고 있다.

정신과 의사가 됐을 무렵, 거의 비슷한 시기에 첫 시집을 냈다. 동시에 한 가지 딜레마에 빠졌다. 말하자면, 시인으로서 내 시집을 이야기하거나 홍보하고 싶은 마음을 환자가 볼지도 모른다는 고민이다. 실제로 많은 환자가 내 X를 보고 있으며, 때로는 인스타그램도 본다. 공인인 척하는 분위기를 풍기고 있는 탓에 실명으로 팔로우해 주는 환자분도 있고, 내가 눈치채지 못하게 조용히 보고 가는 분도 있다.

현재 내 X는 책이나 기고 글, 홍보 이벤트 혹은 오타쿠스러운 취미 활동에 관한 내용으로 가득 차 있다. 간혹 몇 개월에 한 번씩 심한 흥분 상태에 빠져서 돌연 내 생각이나 행동에 대한 글을 올리기도 한다. 워낙 이것저것 다 재면서 글을 쓰고, 그러지 않으면 신경이 쓰이는 탓에 흥분 상태가 아닌 한 일반적인 X는 잘 하지 못하는 편이다.

홍보나 오타쿠스러운 글은 비교적 안전성이 높아서 지금까지 살아남아 있다. 정치적 색깔을 드러내거나, 화제의 뉴스에 관해 언급하거나, 유명한 의사의 X를 거론하며 비판하는 행위는 위험해서 잘 하지 않는다. 사실 애초에 그런 글 자체를 써본 적이 없기도 하다. 언제든 사방팔방에서 예측할 수 없는 총알이 날아들고, 이것이 불쏘시개가 되어 화르르 타오를지도 모를 일이니 늘 몸을 사리고 있다.

그런데 홍보성 글은 그렇다 치고, 오타쿠스러운 글이 살아남은 건 왜인지 나로서도 의문이다. 환자들이 봤을 때 정치적인 발언을 하는 의사가 꺼려지듯 오타쿠스러운 취미를 가진 의사도 그다지 반갑지 않을 것 같기 때문이다.

내가 SNS에 오타쿠스러운 글을 남기면 이는 나의 '사적 영역'에 해당하고 비의도적인 자기 노출이 된다. 일반적으로 정신과 의사는 가려진 존재로서 자신을 드러내지 않아야 환자가 솔직하게 자신의 생각을 말할 수 있다고 여겨진다. 그래야만 치료를 받을 때 의사와 환자라는 두 사람 사이의 내적 관계가 유지될 수 있기 때문이다. 그리고 이는 치료를 계속 받게 하는 동기로도 작용한다. 이론상으로는 나의 오타쿠적인 측면이 환자에게 알려지면 나는 더 이상 정체가 가려진 주치의가 아니라, '오규 가미유'라는 인간적 특성이 전면에 드러나기 때문에 치료의 효과가 떨어진다.

물론 이는 어디까지나 이론상 그렇다는 말이다. 사실 이처럼 정신과 의사가 가려진 존재로서 있어야만 하는 진료는 그리 많지 않다. 진료의 빈도가 높고(적어도 주 1회 이상), 비교적 장시간(대략 50분 이상) 대면하며, 현실적인 문제보다는 환자의 내적 갈등에 집중하는 진료여야 여기에 해당한다. 일반적인 진료는 주기도 길고, 짧은 시간 안에 끝나며 현실에 초점을 맞춘 이야기가 대부분이다. 이를테면 잠은 잘 자는지, 식사는 잘 하는지 묻는 것처럼 말이다.

따라서 내가 SNS에 올린 오타쿠스러운 글에 환자가 반감을 품더라도 그것이 진료에 큰 영향을 미치지는 않는다. 그건 그거, 이건 이거라고 선을 긋고, 불면증으로 너무 힘들다는 등의 현실적인 대화를 나누는 경우가 대부분이다. 물론 그럼에도 이러한 측면이 있다는 사실을 염두에 두는 것이 진료를 볼 때 중요하다는 생각은 하고 있다.

그런데 가끔 굉장히 곤란할 때가 있다. 예를 들면 병동에 입원한 환자의 상태가 심각해져서 가족들에게 마음의 준비를 해야 한다거나 내일이 고비라는 말을 전할 때다. 또는 외래에서 매우 고통스럽고 힘겨운 상황에 놓인 환자를 만나 "어떻게든 버텨서 다음 주에 또 봅시다" 하는 말을 꺼낼 때다. 이렇게 몹시 고통스러운 상황 속에 환자나 환자 가족이 놓여 있을 때 오타쿠스러운 글 내지는 홍보용 SNS를 남겨야 한다면 참으로 난감하다. 환자가 봤다가는 '뭐지, 나는 이렇게나 힘든데. 얘는 아주 태평하네' 하고 느낄지도 모른다는 생각이 머릿속에서 떠나질 않는다. 그래서 '엔하이픈 콘서트 최고!!'라고 쓸 것을 '엔하이픈 콘서트에 다녀왔습니다'라고 미묘하게 표현을 달리하게 된다. 이럴 거면 굳이 SNS를 할 필요가 있을까 하는 생각마저 든다.

이 죄책감은 뭘까. 정신과 의사도 사적인 시간은 있고, 이를 즐기는 것이 죄는 아닌데. SNS에 글을 남기는 행동이 무슨 잘못도 아니고, 성인인 이상 나는 내가 하고 싶은 대로 할 자유가 있다. 하지만 시기와 상황에 따라서는 누군가에게 비난받을지도 모를 일이다. 코로나 때도 어디 어디에 갔다 왔다고 썼다가는 자숙 경찰[29]들에게 맹공격을 받기 십상이라 웬만하면 쓰지 않았다. 물론 쓴다고 큰일이 나는 것도 아니지만 말이다.

모든 일을 현실적으로 냉정하게 받아들이는 사람은 의사가 사적으로 무슨 일을 하든, 업무 시간에

---

[29] 일본에서 타인에게 자숙을 강요하는 시민들을 일컫는 신조어.

똑바로 앉아 환자만 잘 봐준다면 딱히 상관없다고 생각한다. 경찰이 제복 차림으로 편의점에 간다고 비판하는 사람도 있지만, 경찰도 사람이니 편의점에 갈 수 있고 직무 중에 가면 안 된다는 규칙도 없다. 이는 대부분의 사람이 이해하는 부분이다.

SNS상에서 상대방에게 비난을 퍼붓거나 악성 댓글에 가까운 말을 남기는 이들은 대개 현실적인 판단이 흐릿해진 사람들이다. 이건 이거, 그건 그거라는 구분이 서지 않는 탓에 분노가 치밀어 올라서 직접 비난의 화살을 마구 쏘아대는 것이다.

그럼에도 그런 비난을 받을 때면 묘하게 가슴이 뜨끔하다. 어떻게 보면 틀린 말도 아니고 그런 말을 들을 만도 했다고 느껴지기도 한다. 내 안에도 의사는 24시간 의사여야만 한다는 감각이 강하게 자리하는지도 모르겠다. 또 사회적인 요청으로 받아들여지기도 해서, 괜한 압박감에 SNS를 할 때면 자꾸 머뭇댄다.

그렇다면 나는 왜 SNS를 하는 것일까. 옛날부터

나는 재미있는 글들을 올려서 자기표현하기를 좋아했다. 이제는 책을 통해 표현하면 된다지만 그런 책을 홍보하는 글에 '좋아요'가 많이 달리면 내가 인정받고 있다는 느낌이 강하게 든다. 그렇다면 오타쿠적인 면이 드러나는 글을 쓰는 이유는 뭘까. 아마도 진지하게 일하는 의사들 사이에서 남들과는 다른 취미를 가진 나에 대한 또 다른 차원의 인정 욕구인 것 같다. 이를테면 유사시에 방영되는 수많은 뉴스 사이에서 나 홀로 예능 프로그램을 방송하는 느낌이랄까. 오타쿠적 취미를 다루는 글은 다른 계정을 만들어서 올리면 될 텐데 그러지 않는다는 건 나의 이런 욕구를 방증하는 셈이다. 그저 수다를 떨고 싶어서만은 아닌 것이다.

자기표현이라는 내적인 압력과 환자의 시선이라는 외적인 압력 간의 갈등이 커진 결과, 내 SNS는 지금의 형태를 갖추게 되었다. 기본적으로는 외압의 힘이 더 센 편이다. 모두에게 공개하고 있는 이상, 환자들이 보진 않기를 바라면서도 세상 사람들에게 인정은 받고 싶다는 건 양립할 수 없는 조건이기에 둘 사이의 균형을 잘 맞춰 보려고 고심 중이다.

맞다, 이 글의 제목인 '선생님의 SNS 보고 있어요'는 외래에서 환자들에게 자주 듣는 말이다. 그럴 때마다 내 표정은 어색하게 일그러진다. 어떻게 반응해야 할지 잘 모르겠어서다. 연예인도 아닌데 "오, 감사해요"도 이상하고 그렇다고 그냥 넘길 수도 없다. 결국 나는 웃는 건지, 요의를 참느라 애써 밝은 척하는 건지 모를 모호한 표정을 잠시 지어 보이고는 "아, 아, 네~" 하면서 미묘한 태도를 보인다. 진료실이 아니더라도 "제게 관심이 있나 보네요"라고는 절대 말 못 한다. 기분 나빠할 게 뻔해서다.

이렇게 쓰다 보니 'SNS는 무슨, 남들의 인정 따위 없어도 나는 스스로에게 만족할 줄 아는 사람이라고' 하는 알 수 없는 감정이 들끓는다. 이어서 메모장 앱을 열고는 웃긴 글들을 몇 번이나 혼자 끄적거리며 킥킥대고 있다.

루틴 없는 루틴

편집자와 원고에 대해 상의하다가 진료의 루틴 같은 게 있다면 써 봐도 좋을 것 같다는 제안을 받았다. '루틴' 하면 나는 루틴 동영상이 먼저 떠오른다. 내가 관찰한 바로는 루틴 동영상에는 크게 두 가지 종류가 있다.

하나는 이름 모를 여성 직장인이 얼굴은 드러내지 않은 채 고상한 음악을 틀어놓고 우아하게 아침 식사를 하고는(평소에도 그렇게 아침 식사를 하는지는 모르겠다), 자신이 쓰는 화장품 등을 소개하면서 외출 준비를 하는 아침 루틴이 담긴 영상이다. 그런

영상들은 대개 비슷비슷해서 때로는 BGM이 겹치기도 한다. 엔터테인먼트적인 요소는 별로 없지만 이렇게 우아하게 살아보고 싶다는 감정을 부추긴다는 건 이해가 간다.

또 다른 루틴 영상으로는 아이돌을 비롯해 연예계 활동을 업으로 하는 사람들이 자신의 아침 혹은 저녁 루틴을 공개하는 형식이 있다. 보통은 머리에 수건이나 반다나를 두른 상태로 속삭이듯 "여러분, 안녕하세요. 지금은 6시입니다. 오늘은 저의 모닝 루틴을 찍어보려고 하는데요"라면서 카메라를 향해 혼잣말하는 데서부터 시작한다. 이 역시 엔터테인먼트적인 요소는 별로 없지만 그 사람의 팬이라면 사적인 모습을 엿볼 수 있어서 오히려 그 어떤 콘텐츠보다 재미있을 것이다.

그러한 아침 루틴 영상을 떠올리고 있자니 절망적인 기분에 휩싸인다. 하지만 편집자는 진료의 루틴에 대해 써달라고 했을 뿐 아침 루틴 동영상을 찍어달라고 하지 않았다는 사실을 마침내 깨닫고는 가슴을 쓸어내린다. 이렇게도 쉽게 다른 사람의 말을 오해할 수 있나 보다. 주의해서 살아야겠다고 다시 한번 다짐한다.

진료의 루틴을 소개한다는 건 말하자면 매일 하는 진료의 무대 뒤편을 공개하는 일이니, 다시금 내 안에서 윤리적인 갈등이 일어난다. 조금 지겨울 만한 이야기이기도 한데 '노출'에 관한 문제다. 즉, 의도치 않게 드러나는 치료자의 사적인 영역에 관한 이야기다. 굳이 보여주지 않아도 될 부분까지 드러내서는 "봐봐, 여기 살갗이 다 보이지?" 하며 일부러 노출하는 것과 다르지 않다는 생각이 들어서다.

그런 내적 갈등은 일단 제쳐두고, 우선은 써보기로 했다. 그렇게 마음먹은 순간 '어라? 근데 나에게 루틴이라는 게 있나?' 하는 생각이 스친다. 물론 외래 진료를 볼 때는 환자가 접수하면 알림이 와서 환자를 들어오게 하고 진료를 본 뒤, 다음 진료 예약표와 처방전을 전달한다는 루틴이 있다. 하지만 이는 어느 의사든 똑같아서 글로 쓸 만한 거리가 되지 못한다.

그렇다면 병동의 진료라면 어떨까. 여기에는 조금 나만의 루틴이라고 할 만한 요소가 있을 만도 하다. 내가 근무하는 병원에는 몇 개의 병동이 있는데, 어느 병동부터 회진을 돌지 의사마다 자신만의 루틴을 가지고 있다. 또한 환자를 진찰한 즉시 진료기록부를 쓸지, 아니면 모든 환자를 다 만난 후에 의국으로 돌아가 진료기록부를 쓸지에 대한 루틴도 제각각이다. 진료도 병실로 직접 찾아갈지, 방으로 한 명 한 명 불러 볼지 루틴이 정해져 있다. 혹은 환자를 만나기 전에 반드시 병동 간호사를 먼저 만나 처방과 관련된 문제가 없는지 확인하고 처치에 관해 상담하는 의사도 있다.

그런데 나의 경우에는 대부분 정해진 루틴이 없다는 사실을 지금 깨달았다. 회진하는 순서도 그때그때 다르고 진료 방식도 환자의 상황에 맞춰 개별적으로 정하는 편이다. 지금 병원에서 일한 지는 6

년 정도 됐는데 처음에는 나도 루틴을 만들고자 했다. 그래서 아침에 차를 어디에 주차할지까지 미리 정해두곤 했다. 당시의 나는 효율성에 집착해서 진료 이외의 모든 시간을 허투루 쓰지 않으려고 했다.

일단 매일 아침이면 병동에서 가장 가까운 곳에 주차했다. 그리고 가운이랑 병원용 휴대전화를 챙기러 의국에 들르면 시간이 낭비되므로 항상 차에 두고 다녔다. 이러면 차에서 내리자마자 바로 회진을 돌 수 있었다. 병동을 도는 순서도 정해져 있었고 한 가지 일이 끝나면 다음에는 무슨 일을 할지 미리 다 계획이 잡혀 있었다. 물론 외래에 예약 없이 찾아오는 환자도 있고, 한 병동을 돌고 있는데 다른 병동의 환자가 돌연 상태가 나빠지는 바람에 그쪽으로 가봐야 하는 일도 있어서 계획이 틀어지는 일은 매일 있었다. 하지만 이마저도 계획 속에 집어넣어서 만약 여기서 갑자기 불려 가면 이렇게 해야겠다는 것도 다 정해두었다.

이렇게 쓰고 보니 뭔가 대단한 일을 하는 것처럼 보이는데, 어째서 이 멋있는 습관을 그만두었을까. 순간 나도 의아해서 그럼 지금부터라도 다시 해볼까 싶었지만 이내 머리를 흔든다.

루틴은 왜 생겨났을까. 이는 행동을 자동화시켜서 쓸데없이 낭비하는 시간을 줄이는 동시에, 일을 습관처럼 몸에 배게 해서 업무를 좀 더 편하게 보기 위해서다. 의욕이나 동기를 바탕으로 업무를 하다 보면 이것이 사라져 버렸을 때 일을 지속하기가 어려워진다. 이러면 사회활동을 하는 데 지장이 생기므로 업무를 습관으로 만들어 두는 것이다. 대부분은 어떤 일이 습관이 되면 비가 오든 눈이 오든, 컨디션이 나쁘든 잠을 못 잤든, 일단 매일 하던 대로 몸이 자동으로 움직인다.

하지만 의사의 일에는 불규칙한 변수가 자주 발생한다. '일단 가서 병동을 돌기 시작하자' 혹은 '일단 가서 외래 첫 환자를 부르자'까지는 루틴대로 할 수 있지만 그 외에는 돌발적으로 여기저기에서 전화가 걸려 오고, 지금 하고 있는 일을 멈추고 다른 일부터 처리해야 하는 경우가 자주 생긴다.

그러다 보니 오히려 루틴으로 다시 돌아가려는 과정 자체에 에너지가 많이 소모된다. 그보다는 아무 계획도 없이 일단 일을 시작하고 눈앞에 터진 일부터 해결하는 방식이 에너지 소비 면에서는 효율적이다.

효율성을 이야기하다 보니, 어느샌가 소비하는 에너지에 관한 내용으로 흘러버렸다. 이 사실이 매우 상징적으로 다가온다. 말하자면 20대쯤에는 가능한 효율적으로 일하는 것이 우선순위를 차지했기에 그 방법을 루틴화하려고 골몰했다. 하지만 지금은 무엇보다 피로를 최소화하고 싶다는 생각뿐이다. 왜냐하면 그냥 평소처럼 일을 하기만 해도 피곤해지고, 피로가 다음날까지 풀리지 않는 나이가 된 까닭이다. 그런데도 옛날처럼 효율적으로 일을 끝내려고 애쓰다 보면 오히려 거기에 에너지를 많이 쓰게 된다. 그냥 오늘은 시간이 얼마나 걸리든지 상관없다고 각오하고 일을 시작하는 편이 정신적, 신체적 에너지 소모가 적다. 그러면서 깨달은 사실이 있는데 결국 일을 다 끝내고 보면 시간상으로도 큰 차이가 나지 않는다는 것이다.

동아리 활동을 하던 때의 습관인지, 학생 때는 매일매일 전력으로 달리는 것이 중요하다고 생각했다. 이런 자세가 중요하기도 했고 전력을 다하지 않으면 배울 수 없는 점도 분명히 있었다. 하지만 지금은 온 힘을 다했다가는 정말로 다음날 일어날 힘이 없다. 처음에는 이래서는 안 된다고 반성도 해봤지만 반성한다고 뭐가 달라지진 않았다. '왜 자꾸 이런 일이 생기는 거지' 하고 고민하는 동안 나이를 먹었다는 사실에 생각이 미쳤다.

이는 단순히 나이를 먹어서 체력이 약해졌다는 것과는 조금 다르다. 나이가 들면서 패기가 줄고, 무모하게 아드레날린을 방출하는 행동을 하지 않게 되면서 내 본래 삶의 방식으로 되돌아갔다고 해석

하고 싶다.

    초등학교 때까지만 해도 나는 칠칠치 못한 인간이었다. 공부도 운동도 뭐 하나 잘하지 못하고 즉흥극이나 성대모사 등을 하는 데 기쁨을 느끼곤 했다. 그런데 시험을 치고 들어간 중·고등학교가 무지 엄격했던 탓에 혼나는 게 무서워서 열심히 공부하다 보니 모범생이 되어 버렸다. 그때의 기억 때문인지 이후로는 뭔가 열심히 할 때 아드레날린이 방출되는 습관이 붙었다. 하지만 이렇게 다시 아드레날린이 나오지 않게 되고 보니, 나는 사실 원래 이런 인간이었음을 다시금 깨닫는다. 더불어 체력도 그리 좋지 않다는 사실도 말이다.

    서른네 살이 되어서야 드디어 나답게 살기 시작한 결과, 이렇다 할 만한 루틴 하나도 없는 사람이 되어버렸다. 하지만 루틴이 없을 때 알게 되는 것도 분명 있을 것이다. 그걸 또 이렇게 글로 쓰고 있으니 그런대로 괜찮지 않은가 싶다.

미용외과
의사의
SNS

10년간 의사 생활을 하다 보니 지인이나 친구 혹은 대학 시절 검도 대회에서 대전 상대로 만났던 사람 등 많은 이들이 미용외과 의사가 되어 있었다. 그건 누가 순환기 내과 의사가 되었다는 이야기와 별반 다를 것 없는 흔한 일인데, 문제는 갑자기 그들의 SNS가 마치 다른 사람의 것인 양 180도 달라졌다는 사실이다.

분명 얼마 전까지만 해도 여행이나 친구와 술 마시는 사진을 올리며 '아, 졸려' 혹은 '내일부터 파이팅!' 하는 그들다운 말을 늘어놓는 계정이었는데,

어느 시점부턴가 다른 사람인가 싶을 만큼 확 바뀌었다. 만면에 웃음을 띠고 아침마다 요가를 하는 사람처럼 편안한 자세로 앉아 자기가 잘하는 시술에 관해 설명하거나, 환자(혹은 고객)들의 질문에 또박또박 친절하게 대답한다. 진심으로 볼 때마다 깜짝깜짝 놀란다.

누군가에게 뇌를 지배당했나, 매트릭스 같은 근미래의 SF적 행위가 그들에게 벌어졌나 싶어 가슴이 콩닥거린다. 하지만 자세히 보니 개인 계정은 따로 있어서 거기에는 예전처럼 그들다운 글이 올라오고 있다. 그러니까 만면에 웃음을 띠고 요가를 하는 사람처럼 말하는 쪽은 회사의 방침으로 운영되고 있는 공식 계정이었다.

요즘에는 병원에서 다양한 콘텐츠를 SNS에 올려서 환자들이 사전에 여러 가지를 비교해 보고 선택할 수 있게 한다. 이렇게 하면 만나기 전부터 신뢰할 만한 의사라는 믿음을 주는 효과가 있다. 그런 이야기를 친구에게서 듣자니 과연 그렇구나 싶어 이해가 갔다. 그런데 가만 생각해 보면 정신과에서는 그런 경우가 거의 없다. 아니, 전혀 없다.

애초에 보험이 적용되는 진료여서 홍보할 수 없고, 만약 가능하다고 해도 보통은 하지 않는다. 그래도 병원 프로필란에는 정신과라도 이름, 담당 업무, 사진, 경력, 환자에게 전하는 한마디 등을 올려두는 경우가 많다. 이렇게 하면 의료진의 전문성을 강조할 수 있고, 이러한 의사가 있다는 걸 보여줌으로써 환자들을 안심시킬 수 있기 때문이다.

정신과라고 해서 특별히 사진을 올리지 않는다든가, 프로필을 숨기는 경우는 많지 않다. 물론 그런 병원도 있어서 내가 지금 주로 일하는 정신과 병원에서는 사진은커녕 이름도 전체를 공개하진 않는다. 반면 어느 과든 의료진의 사진을 올려두는 종합병원에서는 다른 진료과와 마찬가지로 정신과 의사의 프로필도 공개되어 있다. 병원이 아닌 상담센터나 클리닉 등에서는 아무래도 확실하게 의료진의 프로필을 공개하는 편이다. 내가 지금 근무하고 있는 클리닉에서도 내 사진을 커다랗게 올려두고(비주얼적인 측면은 좀 아쉽지만) 프로필도 매우 상세하게 적어 놓았다. 인터넷으로 검색되는 나의 프로필 중에서도 매우 자세한 쪽에 속한다.

클리닉에서 확실하게 의료진의 프로필을 공개하는 이유는 전문성 있는 사람이 근무한다는 사실을 보여주기 위함이다. 따라서 논문이나 저서까지 모두 게재해두는 편이다. 병원 의사들이 봤을 때 의료진의 프로필이 믿을 만하다고 느끼게 만들어서 환자들에게 클리닉을 소개하도록 유도하는 전략도 깔려있다.

지금까지 나는 미용외과 의사의 SNS 계정은 AI가 만든 완벽하지만 천편일률적인 복제품처럼 느껴지고 광고라는 인상이 강한 데 반해, 일반 병원이나 클리닉의 프로필은 신원을 확실하게 공개해서 신뢰를 얻으려는 의도가 더 강하게 느껴진다고 말했다.

하지만 이는 어디까지나 내 생각일 뿐이다. 실제로는 미용외과 의사의 계정에도 신원을 공개하여 믿음을 주려는 의도가 있을 것이고, 클리닉에서도 홍보하기 위한 목적이 더 클 수도 있다.

어쩌면 환자의 입장에서는 두 개가 다 비슷하게 보일지도 모르겠다. 정신과 의사의 프로필이나 검색해서 나오는 SNS 계정이나, 환자는 어떤 사람이 담당하는지 알기 위해서 검색할 뿐일 테니 말이다.

그러한 의미에서 보면 억지로 만든 캐릭터가 올린 듯한 미용외과 의사의 SNS보다는 정신과 의사의 개인 계정이 환자에게 보다 핵심적이고 사적인 부분을 자연스럽게 보여줄 수 있다. 그런데도 정신과 업계에서는 요즘 시대에 가장 중요한 도구인 SNS를 어떻게 활용할지에 대해 무관심해 보인다. 그렇게나 의사와 환자의 관계에 주의를 기울이면서도 말이다. 이 점에서는 정신과가 미용외과보다 훨씬 뒤처져 있다고 할 수 있다.

앞에서 언급했듯이 정신과 의사라도 치료자

와 환자의 관계 자체가 매우 중요시되는 정신분석을 하는 사람은 극히 드물다. 게다가 정신분석가는 SNS를 하지 않느냐 하면 내가 알고 있는 한 그렇지도 않다. 누구든 SNS 글과 '좋아요'를 단 게시물을 5분 정도만 훑어봐도 대략적인 취미, 기호, 사상을 파악할 수 있는 게 요즘 현실이다. 물론 일부러 의도했는지는 알 수 없다. 내가 나의 SNS와 책을 통해 느끼고 있듯이, 정신과 의사들도 일정 부분은 세상에 '노출'되기 마련이다.

그렇다면 반대로 대놓고 정신과 의사의 SNS를 홍보용으로 활용해 보면 어떨까. 미용외과 의사처럼 상냥한 말투로 '강박 장애 약물 치료 건수 1위', '20xx년 베스트 경계성 인격 장애 치료상 수상' 같은 의미를 알 수 없는 공적을 내붙이고 적극적으로 홍보하는 것이다. Q&A 코너에 친절하게 답글도 달고 말이다. 하지만 아무래도 이건 동종 업계 종사자로서 섬뜩한 기분이 들고 어딘지 모르게 비정상적인 느낌이다. 물론 환자들의 입장에서 보면 의사를 고를 때 이런 정보가 유용할 수도 있다. '미국 의사협회 정신의학지 JAMA Psychiatry' 같은 잡지에 실린 영어로 빽빽하게 쓰인 논문보다야 '사회불안 장애계의 라이징 스타'라고 쓰인 SNS 글이 훨씬 이해하기 쉬울 것이다. 게다가 의사의 사적인 부분은 드러내지 않아도 된다는 점에서 더 반기는 사람도 있을지 모른다.

인간에게는 진짜로 감추고 싶은 부분을 가리기 위해서 무의식적으로 보여줘도 되는 부분은 일부러 보여주려고 하는 방어기제가 있다. 홍보용 SNS는 이와 닮았다. 물론 무의식적이 아니라 대놓고 의도적으로 운영된다는 점에서는 차이가 있다.

정신과 의사의 SNS가 어떤 형태여야 하는지에 대해 이미 누군가는 검토했을지도 모르겠지만, 어차피 결론은 나지 않을 것이다. SNS를 아예 하지 않거나, 혹은 절대로 본명이 드러나지 않도록 계정을 운영한다면 갈등을 피할 수는 있다. 하지만 나처럼 본명으로 SNS를 하는 사람이라면 무엇을 보여주거나 감추어야 할지가 중요한 문제가 된다. 환자가 보고 있다는 사실 따위 전혀 개의치 않고 SNS를 하는 정신과 의사가 있을 리 없겠지만, 만약 있다면 그 SNS는 일정 부분 '보여주기 위한 것'이 되고 만다. 그렇게 되면 의도된 홍보용 SNS는 아니지만 본질적으로는 미용외과 의사의 계정과 다를 바가 없다. 미용외과 의사의 SNS 계정이 환자의 존재를 100% 의식한다면, 정신과 의사의 개인 계정은 환자의 존재를 모른 척한다는 부분만 다르다고 할까.

학교나 학원 선생님도 학생이나 학부모를 어느 정도 의식해야 할지 고민된다는 점에서 비슷한 처지에 놓여 있을 것 같다. 아이돌이나 연예인은 무조건 팬들을 100% 의식할 것 같지만 의외로 그렇지 않은 사람도 있다. 이처럼 정도의 차이가 있다는 점에서 이들과 정신과 의사의 상황은 어딘가 모르게 비슷하다.

아무래도 이건 쉽게 검토할 만한 수준의 주제가

아닌 것 같다. 내가 SNS에서 매일 아이돌이나 서바이벌 오디션 프로그램 이야기를 하는 걸 보고, 혹은 『위선자론』이나 지금 이 책을 읽고, 나에게 진료를 받으려다가 그만둔 사람은 분명히 있을 것이고 앞으로도 계속 나올 것이다. 하지만 그렇게 치면 프로이트가 쓴 책을 읽고 그에게 진료를 받지 않으려는 사람도 있을 것이라는 이야기도 가능해진다. 그러니 지금은 이대로도 괜찮지 않을까. 그런 의미에서 아무래도 서바이벌 프로그램 이야기는 그만두지 못할 것 같다.

본모습
vs
역할

　　　　　　　　　　　'있는 그대로의 모습'
이라는 표현은, 디즈니 영화처럼 아직 보지도 않았는데 결말이 뻔히 예상되는 식의 판에 박힌 관용구라는 느낌이 들어서 영 쓰기가 거북하다. 예를 들면 내가 '있는 그대로의 모습을 받아들이는 게 중요하다'라고 썼다면 글을 마저 다 읽어보지 않아도 속이 텅 빈 미사여구를 좋아하는 사람같이 보일 것이다. 어딘가에서 본 듯한 말만 반복하는, 그야말로 사고가 지독히도 얕은 인간 말이다. 올해 나온 디즈니 영화는 본 적 없지만 아마도 또 있는 그대로의 모습

윤리적인 사이코패스

을 추구하고 있을 것 같다.

연애 리얼리티 프로그램에서도 '있는 그대로의 모습'은 자주 등장한다. 예를 들면 상대방의 있는 그대로의 모습을 보고 싶다며 남자들이 깜짝 이벤트로 상대 여성과 함께 아침부터 놀이공원에 가거나, 야경을 등지고 헬리콥터를 타고 날아와 장미꽃을 건네는 것이다. 애초에 연예인 지망생들이 미리 정해진 설정을 가지고 상황극을 이어 나가는 프로그램인데, 대체 어디에서 있는 그대로의 모습을 찾으려는 건지 도통 모르겠다.

내가 죽치고 앉아 보고 있는 아이돌 데뷔를 위한 서바이벌 오디션 프로그램에서도 '있는 그대로의 모습'을 추구한다. 그저 노래와 춤이 뛰어날 뿐인 연습생은 아직 본모습이 드러나지 않았다며 표가 몰리지 않는 것이다. 프로그램이 진행되면서 사소한 에피소드들이 연달아 벌어지는데, 이를 한 걸음 물러서서 바라보면 대개는 두 방향으로 결말이 난다. 하나는 실력이 없던 연습생이 이런저런 갈등을 겪으면서 성장하는 이야기, 다른 하나는 실력만 좋았을 뿐 본모습은 드러내지 않았던 연습생이 또 이런저런 갈등을 겪으면서 있는 그대로의 자신을 보여주는 이야기다.

이와는 정반대로, '있는 그대로의 모습'을 보여주지 않아야 좋다고 주장하는 경우도 있다. 프로로서 역할에 충실해야 한다는 이야기다. 예를 들면 같은 디즈니 계열에서 모순적인 이야기이긴 한데, 디즈니랜드의 캐스트는 절대로 있는 그대로의 모습을 내보이면 안 된다. 언제나 캐스트다운 행동만 해야 한다. 인형 탈 속 본모습은 서른 살이 한참 지난 아저씨더라도 귀엽다며 달려오는 10대 여학생들에게 "아니, 요즘은 이 캐릭터가 유행이라며?" 하는 현실적인 말을 건네서는 안 된다. 여학생들은 어디까지나 인형 탈의 모습을 한 캐릭터에게 다가간 것이라 그 안의 아저씨가 본래의 말투로 대답했다가는 디즈니 세계관이 붕괴하기 때문이다. 이는 디즈니랜드뿐 아니라 산리오 퓨로랜드에서도 마찬가지다.

의사들의 상황도 이와 비슷한 부분이 있다. 병원을 찾은 환자는 의사라는 역할을 맡은 사람이 해주었으면 하는 말만 듣고 싶어 한다. 의학부에 들어가기 전에 환자로서 병원에 갔을 때였다. 그저 진료를 보고 처방을 내려주면 충분한데, "있잖아, 실은 아저씨도 말이지" 하며 의사가 있는 그대로의 모습을 보여주면서 뜬금없이 자신에 관한 이야기를 털어놓아 곤란했던 적이 있다. 경우에 따라서는 반대로 내가 이야기를 들어주었으니 그 부분에 대한 돈을 청구하겠다고 하는 사람도 있을지 모르겠다.

실제로도, 의사가 보고 싶지 않았던 '있는 그대로의 모습'을 일방적으로 보여주면서 긴말을 늘어놓는 통에 자신이 억지웃음을 지으며 참고 있었다는 이야기를 종종 듣는다. 그 병원을 드롭아웃하고 온 환자로부터 말이다. 아니, 다른 데도 아니고 정신과에서 그러면 어떡하냐는 말이 나올 만도 하다. 하지만 그 의사도 있는 그대로의 모습을 보여주고 싶어서 일부러 그랬다기보다는 오랫동안 정신과 의사를 하면서 자신도 모르게 환자 앞에서 맡아야 하는 역할을 잊어버린 게 아닐까 싶다.

"아이고, 어쩌나. 그것 참 힘드셨겠어요."
"꺼내기 힘든 이야기일 텐데 해주셔서 감사합니다."
정신과 의사가 되면 이와 같이 일상에서는 자주 쓰지 않는 대사를 빈번하게 써야 한다. 말 그대로 이건 '대사'다. 그래서 처음에는 쓰면서도 어색함을 감추기가 힘든데, 귀가 새빨개지면서도 "꺼내기 힘든 이야기일 텐데 들려주셔서 감사합니다"라고 말해야 한다. 그런데 하는 나로서는 거짓말같이 느껴지지만, 듣는 환자의 입장에서는 그렇지 않아 보인다. 의외로 환자의 마음에 진심으로 가닿을 때가 많아서 속으로 '와, 이거 진짜 대단한데!' 하고 느낄 때가 많다.

시간이 흐르다 보면 점차 대사를 치는 데 익숙해져서, 어느새 처음 느꼈던 어색함은 온데간데없이 사라진다. 대사와 내가 하나가 되고, 내 개인적인 인격과 정신과 의사라는 역할도 일체화된다. 그러면 일상생활의 연장선 같은 느낌으로 자연스럽게 환자와 이야기할 수 있게 된다. 당연히 '들려주셔서 감사해요'라는 말도 술술 나온다.

무서운 점은 이것이 일상생활에도 조금씩 침투한다는 것이다. 친구가 고민을 말할 때면 어느샌가 "하기 힘든 이야기일 텐데 해줘서 고마워" 하고 말하는 내 자신을 발견한다. 예전처럼 "어머! 얘, 그런 남자랑은 빨리 헤어져. 너랑은 안 어울려" 같은 오지랖도 부리지 않는다. 근데 왜 내가 여자 친구들의 말투를 쓰고 있는 거지?

이야기가 잠시 옆으로 샜는데, 아무튼 그 이상의 쓸데없는 참견은 하지 않는다. 예전이었다면 반사작용처럼 튀어나왔을 말들을 꿀꺽 삼키고 이건 이 사람이 결정할 일이라고 생각한다. 바로 내뱉고 싶어지는 얕은 조언들은 이미 주위 사람들에게 충분히 들었을 테고, 딱히 그런 말들이 효과적이지도 않다. 이렇게 한발 앞서서 생각하는 것이 정신과 의사의 일인 것이다. 뭐, 틀린 말은 아니지만 이건 어디까지나 정신과 의사의 사고방식이다. 의사가 아닌 그냥 나였다면 절대 이렇게 반응하지는 않았을 것이다.

얼마 전에 MBTI 검사라는 게 있어서 해보았는데 나는 INFJ라는 유형으로 나왔다. 이게 어떤 성격을 뜻하는지는 이미 다 잊어버렸지만, 틀림없이 내가 정신과 의사를 하지 않았다면 다른 유형으로 나왔을 것이다. 그러자 인격과 역할을 어떻게 구분해야 할지 결론을 내리기가 어려워졌다.

솔직히 말하면 어느샌가 나는 있는 그대로의 모습으로 진료를 보고 있다. 정확하게 말하자면 나의 역할과 있는 그대로의 모습이 동화됐다. 웃음기 싹 빼고 말하는데, 10년 후 혹은 20년 후에는 내가 환자들에게 나의 신상에 관한 얘기를 털어놓고, 오히려 그들에게 치료를 받는 무서운 상황이 벌어질지도 모른다. 너무 과한 생각일지도 모르지만 있는 그대로의 모습으로 환자를 대하다 보면 어느 순간에는 내가 환자를 치료하는 동시에, 환자로부터 내가 치료받는 상황이 올 게 틀림없다.

환자의 증상이 좋아지는 경험 덕분에 자기애가 충족되는 정도라면 역할과 인격의 궁합이 잘 맞는다 정도로 끝나겠지만, 상황은 이보다 훨씬 복잡하다. 「의사인 듯 형인 듯」이라는 글에서 서술했듯 내가 형으로서 계속 있으려면 동생은 영원히 성장할 수 없는 상황이 분명 어딘가에서 벌어질 것이니 말이다.

있는 그대로의 모습으로 진료를 보면 당연히 진료의 양상이 매번 달라진다. 큰 틀에서는 비슷할지 몰라도 아무래도 본모습에는 특유의 쏠림 현상이 짙게 나타나기 때문이다. 말하자면 인간적인 모습이 노출되고 만다. 의사의 인간적인 부분과 환자의 인간적인 부분이 서로 영향을 주고받으면서 형과 동생, 엄마와 딸, 학대자와 피학대자와 같은 새로운 관계가 형성될 수 있다. 물론 절대 그래서는 안 된다는 법은 없기에 만약 그런 관계가 형성되었다면 거기서부터 다시 시작하면 된다. 이는 정신분석에서 '전이'라고 부르는 현상으로, 정신분석 치료 현장이 아닌 일반 진료실에서도 자주 볼 수 있는 광경이다. 치료를 전제로 하지 않더라도 뭔가를 서로 주고받는 일대일의 관계라면 이러한 관계성은 언제든지 발생할 수 있다. 개인적으로는 어떤 일을 누군가에게 배울 때 생각만큼 잘되지 않는다면 대개는 이런 맥락에서 생각해 봐야 하지 않나 싶다. 하지만 이건 내 전문 분야가 아니니 아무래도 말을 조심하는 편이 좋겠다.

    결국 내 선에서 끝나기는 어려운 주제인 것 같다는 별 볼 일 없는 결론으로 마무리 지어야겠다. 그래도 나의 인격이 정신과 의사라는 역할에 의해 달라졌다는 의심만큼은 머릿속에서 떠나질 않는다. 이건 흔히 말하는 '성숙'이라는 개념과는 느낌이 다르다. 참고로 나는 겉보기에 성숙한 인간으로 여겨질 때가 많아서 "나 아직 어리다고요!"라고 소리치고 싶은 적이 많다. 하지만 이제는 소리쳐봤자 아무도 듣지 못하는 곳으로 와버린 느낌이다.

2장

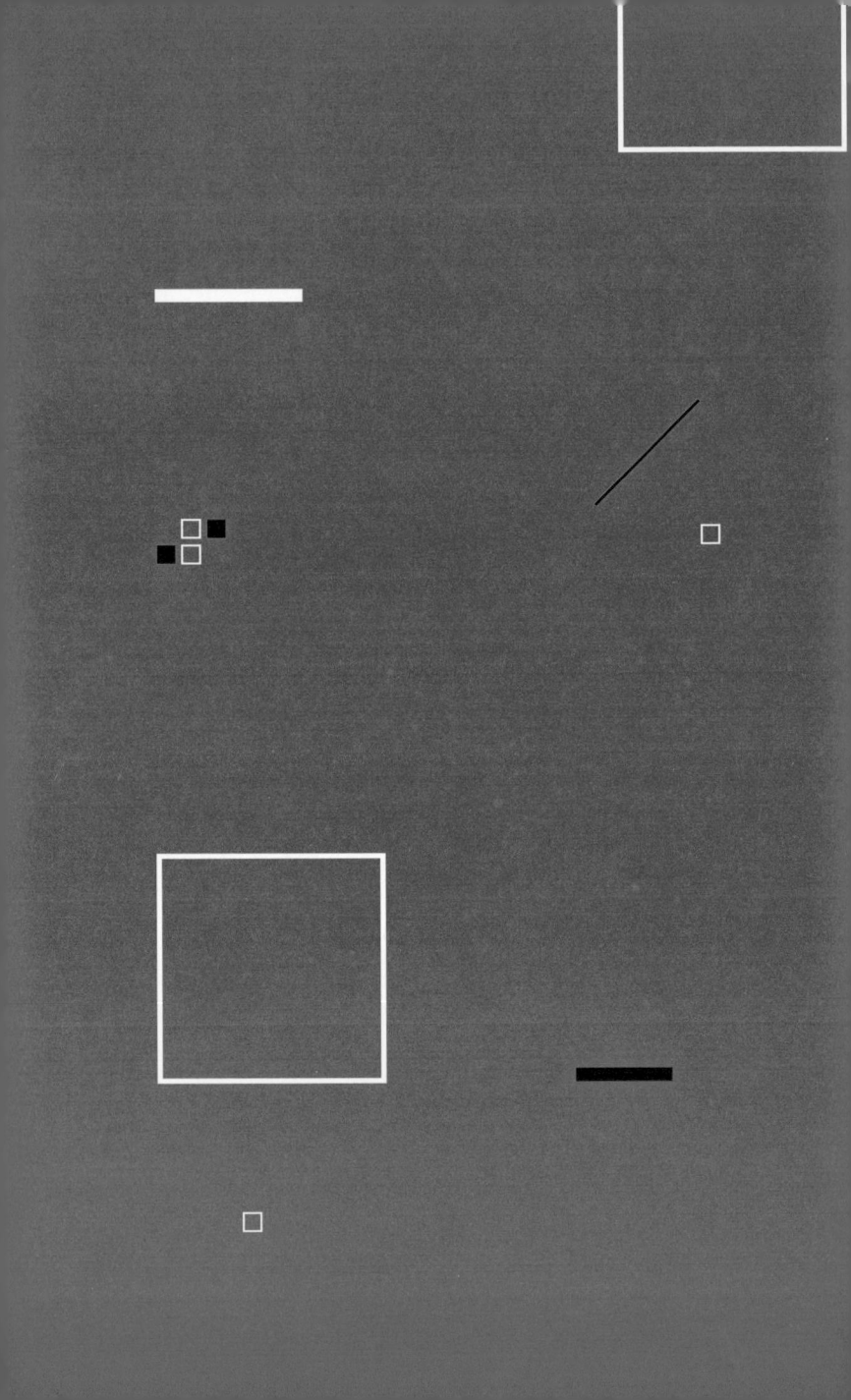

3장

개인적인 사회 문제

개인적인
사회 문제

'개인적인 사회 문제'라는 제목으로 3장을 열었지만 사회 문제에 대해서는 아무것도 떠오르지 않아서 당황스럽다. 어쩌면 나는 사회 문제에 대한 감각이 둔한지도 모르겠다. 아니 둔하다기보다는 알고 싶어 하지 않는 쪽인 것 같다. 애초에 사회 문제라는 말이 너무 애매모호해서다. 사회에 관심이 많은 사람이라면 화를 낼지도 모르지만, 나는 아직도 사회 문제라고 하면 중학교 입학시험 범위에 있었던 '고이즈미 총리 취임'밖에 생각이 안 난다. 그러니까 중학교 교과서 속 시사 문제 페이지에서 한 발짝도 나아가지 못한 셈이다.

교과서 하니까 생각났는데, 역사 수업 시간에 장군 일가에서 태어났는데도 시를 쓰고 피리를 부는 일에 정신이 팔려 큰일을 등한시하다 집안을 말아먹은 사람이 나왔던 기억이 난다(물론 정확하지는 않다). 나는 아마도 그의 후손이나 환생인 모양이다. 사회 문제로 인터넷이 뜨겁게 달궈지고 논객과 논객이 아닌 사람이 목에 핏대를 세우며 절박한 심정으로 자신의 의견을 피력하는 모습을 보고 있노라면, 나는 내 일이 아니면 관심이 생기지 않는 인간이구나 싶어 마음이 착잡해진다.

처음 사회 문제에 관해서 쓰겠다고 정했을 땐 SNS에서 화제가 되는 문제들이 떠올라서였다. 하지만 냉정하게 생각해 보면 SNS에서는 별것도 아닌 일이 갑자기 세기의 사건처럼 커져서는 이에 대해 언급하지 않으면 마치 범죄자라도 된 것 같은 분위기가 형성되곤 한다. 또 지극히 단순한 언설로 사회를 단속하는 인간이 구세주처럼 취급받으며 관련

동영상이 무차별적으로 퍼지기도 한다. 요약하자면 인터넷은 특정 범위에 국한된 내용이 널리 퍼져나가기 쉬운 사이버 공간인 것이다. 일부 논객이나 잡지에 실린 글이 유명하거나 팔로우 수가 많으면 이게 '옳은 것'이구나 싶다가도, 막상 읽어보면 내 생각과는 한참 멀어서 당황할 때가 있다. 그제야 나는 '모두가 나랑 같은 생각을 하지는 않는구나, 역시 사회는 다양해!' 하고 깨닫는다.

사회 문제에 대해서 글을 쓴다는 건 꽤 어려운 일이다. 바로 유통기한이 있기 때문이다. 예를 들면 정신과에 대한 편견이나, 강제 의료 행위에 관한 내용은 어느 정도 보편성이 있는 이야기로 50년 후에도 사라질 것 같지 않아서 다루기가 쉽다. 반면 최근의 정치와 관련된 이슈는 주제로 택하기가 어렵다. 그러다 문득 어머니의 초등학교 졸업 기념 문집이 떠올랐다. 시사 문제 글을 쓰는 코너가 있었는데, 아이들이 머리를 싸매고 낑낑대며 썼을 글 속에서 어쩐지 깊은 운치가 느껴졌다. 가장 많이 다뤄진 주제가 '시너 놀이[30]', '다케노코족[31]', 'GS(록 음악 그룹 사운즈)', '오키나와 반환 문제[32]' 등이었기 때문이다. 지금 사람들은 도무지 이해할 수 없는 화두뿐이다. 만일 내가 여기에서 대마 합법화나 도요코 키즈[33], K-POP, 러시아-우크라이나 전쟁 등의 이야기를 쓴다면 아마 반세기쯤 후에 이 글을 읽는 사람도 비슷한 심정이지 않을까.

그리고 도요코 키즈 같은 시사적인 문제로 글을 쓰려고 하면 손가락이 굳어버린다. 아무래도 상황론적으로 글을 쓰게 되기 때문이다. 역사학이든 사회학이든 사회정신의학이든, 나에게는 상황론적으

---

30 시너나 본드를 비닐 주머니에 넣고 냄새를 맡는 장난으로 일본에서 1960년대에 유행했다.

31 1970~1980년대에 독특한 옷을 입고 거리를 활보하던 일본 젊은이들을 이르는 말.

32 오키나와는 1972년에 미국에서 일본으로 반환되었다.

33 신주쿠 도호 빌딩 옆에서 활동하는 가출 청소년 집단.

로 글을 쓰는 재주가 없다. 내가 말할 수 있는 건 어디까지나 개인의 체험으로써 사회 문제일 뿐이다.

내가 진료하는 장소는 주로 병원이나 클리닉인데, 이는 모두 사회 안에 위치해 있다. 그리고 나 역시 사회 안에서 일하는 한 명의 노동자다. 진료는 환자와 나의 관계로만 성립하는 것이 아니라 사회가 있는 덕분에 존재할 수 있다. 그러한 의미에서 사회는 분명히 내 진료에 영향을 미치고 있다. 벌써 기억에서 흐릿해진 일이지만, 신종 코로나바이러스가 유행할 당시 한 병원에서 환자의 통원 주기를 늘리려는 시도가 있었다. 이로 인해 환자들과 여러 갈등이 불거지기도 했다. 비슷한 일이 앞으로도 분명히 일어날 게 틀림없다.

한편, 사회에서 일어나는 일은 미리 통제하기가 어려운 편이다. 기본적으로는 문제가 일어난 순간 눈앞의 진료를 어떻게 할지 생각하는 수밖에 없다. 하지만 SNS에서는 어떤 일이 일어난 순간 앞으로를 생각하기보다는 누가 책임을 져야 하는지에 대한 비난과, 이 일이 두 번 다시 일어나지 않도록 통제하고 싶은데 남들이 자기 생각대로 움직이지 않아서 분개하는 말과 글이 넘쳐 난다. 이와 같은 생각의 차이도 나를 SNS적인 사회 문제로부터 멀어지게 한다.

내가 기술할 수 있는 사회 문제는 일상 안에 있으며, 진료뿐만 아니라 개인으로서의 나에게도 영향을 미친다. 즉, 내가 책임을 져야 하는 진료나 내 안에 자리한 사회 문제를 생각하는 것만이 현실감을 가질 수 있다. 내가 상황론으로써 사회 문제를 논하려고 해봤자 아마추어적 감상으로 들릴 것이다. 또한 심리적 또는 물리적으로 먼 이야기에 대해서 생각하는 일은, 결국 2차원적으로 얻은 가상의 정보에 대한 반응에 지나지 않는다.

아울러 나는 의식적으로 사회 문제를 다루는 방식에도 거부감을 느끼고 있다. 가령 '대지진이 일어났을 때 이로 인한 진료상의 변화'와 같은 주제는 충분히 다룰 수 있는 주제일 테지만 그러고 싶지가 않다. 어떤 일이 발생했다는 이유만으로 그 일에 대해서 쓰고자 하면 글에서 거짓말의 냄새가 나기 때문이다. 그렇다고 이에 관해 표현할 방법을 궁리하진 않는 것은 아니다. 나는 의식적으로 쓰기보다 내 글 안에서 자연스럽게 드러나는 쪽을 선호한다. 오히려 그러한 부분이 핵심에 더 가깝다고 무의식적으로 느끼기 때문이다.

시대가 드러나는 키워드를 넣지 않았더라도 이 책 안에는 2023년 전후의 일본 사회가 밀도 있게 담겨 있을 것이다. 예전부터 여러 곳에서 언급했던 부분인데, 나는 직접적인 관계가 없는 일에 관해 쓰면서 자연스럽게 드러나는 그 시대상의 한 부분을 마치 사진처럼 한 장면씩 남겨두는 데 흥미가 있다.

모든 사회 문제는 어떤 형태로든 개인에게 영향을 미치고 있을 테지만, 지금 자신의 코앞에 닥친 사회 문제는 사람마다 다를 것이다. '사회 문제'라는 키워드로 글을 써야겠다고 생각했을 때 나는 묘한 압박감을 느꼈던 것 같다. 이를테면 아직 나에게는 크게 와닿지 않는 특정 사회 문제를 눈앞에 놓고는 '지금 이 문제에 대해 너도 생각해야만 해, 이건 세기의 사건이라고, 이에 대해 생각하지 않는다면 넌 인간도 아니야'라는 잔소리를 듣는 듯 말이다.

아무리 중요한 사안이라도 2~3일 안에 생각해서 SNS로 의견을 표명하지 않으면 인간의 자격을 박탈당할 만한 사회 문제는 없다고 본다. 사실은 그리 급한 일이 아니라는 것을 우리는 이미 알고 있다. 그렇기에 힘들어하는 마음은 이해하지만, 어디까지나 그것은 당신의 문제이므로 나에게까지 강요하지는 말아 달라는 게 내 생각이다. 이렇게 쓰다 보니 생각이 조금씩 정리되고 있다. SNS에서 화제가 되는 문제들은 개인의 문제를 사회의 문제로 치환해서 이야기한 경우가 많아 보인다. 확신은 못 하겠지만 적어도 나에게는 그렇게 느껴진다. 그런데도 그 문제가 나(를 포함해서 많은 사람)에게는 우선순위가 아니며, 자신의 생각대로 내가(혹은 많은 사람이) 움직여주지 않는다는 점에 그들은 분개하고 있다. 이렇게 생각하니까 '내가 당신의 문제를 당신처럼 잘 알 수는 없다'라는 냉소적인 감정이 들끓어 오른다. 왜냐하면 여기는 진료실이 아니기 때문이다.

다시 한번 정리해 보자. 조금 전까지만 해도 내 머릿속에 떠다녔던 사회 문제는 주로 SNS에서 얻은 정보들이었다. 말하자면 한쪽으로 치우쳐진 정보다. 가상의 자극에 개인의 마음이 반응하는 연쇄 작용으로, 우연히 규모가 커져 버린 정보들이었을 가능성이 높다. 마찬가지로 인터넷 뉴스나 신문, TV 등에서도 각 매체의 특성별로 다른 편견이 자리할 것이다. 그러니 무엇을 사회 문제로 볼지는 자신의 가치관을 우선으로 결정하는 게 맞다고 본다.

다만 생각을 정리했는데도 아무것도 떠오르지 않는다. 일상을 보내다 보면 자연스럽게 이런 일을 써봐야겠다는 생각이 들기 마련인데, 매번 진료 중에 떠올라서 메모하지 못했다. 나중에 메모하려 할 때는 이미 머릿속에서 다 빠져나가 버린 후다. 이래서야 책을 마무리 지을 수 없을 것 같다. 앞으로는 나도 작곡가들이 머릿속에 스치는 멜로디를 곧바로 흥얼거려서 녹음하듯이, 진료 중일지라도 생각이 나면 잽싸게 메모를 해두어야겠다. 하지만 역시 진료 중에 멜로디를 흥얼거리는 건 환자에게 실례일 것 같고, 애초에 나는 작곡가도 아니니 그럴 필요도 없다. 나는 대체 무슨 말을 하고 있는 걸까.

아무튼 그리하여 3장에서는 내가 생각한 사회 문제, 지극히도 개인적인 사회 문제에 관해서 쓸 작정이다. 하하하하하, 민망해서 괜히 한번 큰 소리로 웃어 본다.

멘탈을 관리받는 세상

잡지 『중앙공론』 5월호(2023년)에 '일상화되는 마음의 병'이 특집 기사로 실리면서, 전 노기자카46[34]의 멤버이자 현재는 심리 상담가로 활동 중인 나카모토 히메카 씨와 대담을 나눴다.

나카모토 씨는 온라인으로 심리 상담을 진행하는 한편, 자신의 인지도를 활용해서 라디오 등의 미디어를 통해 정신과 진료에 관한 대중 교육 활동

---

34 36명으로 구성된 일본 여성 아이돌 그룹으로 대형 오디션을 거쳐 2012년에 데뷔했다.

을 진행하고 있었다. 이를테면, 이런 고민이 있는데 어떡하면 좋겠냐는 물음에 '이 내용은 정신과 진료를 받는 게 좋겠다', '심리 상담을 받아보길 권한다'와 같이 권유하는 식으로, 일반인과 전문의 사이에서 가교 역할을 맡는 것이다. 이전까지 나는 이러한 역할을 깊이 생각해 본 적이 없었는데, 이번 만남을 계기로 이 분야의 중요성을 깨닫고 큰 관심을 가지게 되었다. 이런 분이 있는 덕분에 죽음의 문턱에서 돌아서는 사람도 많겠구나 싶었다.

이런저런 이야기를 나누다가 마무리하기 위해서 각자 마지막으로 한마디씩 해달라는 지점에 이르렀다. 나카모토 씨는 앞으로도 대중 교육 활동을 계속 이어 나가겠다고 말했다. 이에 편집부에서는 다음과 같은 질문을 나에게 던졌다.

"나카모토 씨의 말은 단골 병원에 다니듯이 누구든지 아무런 장벽 없이 정신과에 갈 수 있는 세상이 오길 바란다는 건데요. 오규 선생님도 같은 의견일까요?"

나는 "음, 글쎄요" 하고 잠시 생각하다가 정말로 그런 세상이 와야 좋은 건지 스스로도 확신이 서지 않아서, "좀 복잡한 문제여서 지금은 대답하기가 좀 어렵네요" 하고 답을 미뤘다.

정신과를 둘러싼 사람들의 시선에는 오래전부터 편견이 자리했다. 집안 분위기에 따라서 절대로 정신과 진료는 안 된다는 경우도 있고, 정신과에 다니는 사람을 이상한 눈으로 바라보는 사람도 여전히 있다. 정신과적인 혹은 심리적인 문제로 고민하는 사람이 진료를 받으려고 할 때 넘어야 할 장벽이 많다는 이야기는 자주 듣는다.

'단골 병원을 지정해 두자'는 문제는 여기에 자주 따라붙는 이야기다. 요컨대 단골 치과, 단골 미용실처럼 '멘탈 관리'를 전담해 주는 곳을 정해두고, 모두가 정신과 진료를 정기적으로 받는 세상이 온다면 편견이 사라지지 않을까 하는 가설이다. 정신과를 둘러싼 장벽을 낮추기 위한 시도로써 제시되고 있는 하나의 사회 모델이기도 하다.

    사실은 이 책도 편집자 구즈 씨와의 첫 만남에서는 '멘탈 관리 주치의를 만드는 법'이라는 기획으로 제안받았었다. 당시 나는 이를 흥미롭게 받아들였는데, 결국은 그러한 내용도 에세이 속 주제로 넣어보면 재밌겠다는 이야기로 모였다. 그래서 지금 이 얘기를 시작하게 된 까닭도 있다. 지금껏 나는 이 문제를 크게 신경 쓰지 않았는데, 사회적으로는 꽤 중요한 주제인 것 같았기 때문이다.

    쉽게 생각하면 정신과의 장벽을 낮추려는 시도이니 딱히 나쁠 것은 없다. 하지만 10년 동안 의사 생활을 해오면서 그다지 생각해 본 적 없는 주제라는 점에서 일단 위화감이 든다. 나는 왜 이 문제에 대해 지금껏 생각해 본 적이 없었을까. 그 부분이 왠지 중요하다는 느낌이 들었다.

    우선 일반적인 정신과 의사들은 애초에 사회에 불만을 제기하는 경우가 많지 않다. 정신의학과 사회의 관계에 대해서 고민하는 학문은 '사회정신의학'이라는 분야로 따로 존재한다. 하지만 내가 일하고 있는 분야는 정신과 일반 진료로, 병원과 클리닉에서 환자를 진료하는 일이다. 다루는 질환이 내과 질환이 아닌 정신 질환일 뿐, 일반적인 내과 의사가 일하는 방식과 크게 다르지 않다.

책을 쓰다 보니 뭔가 사회에 불만을 제기하거나 항의하는 듯한 분위기를 풍겼는지도 모르지만, 내가 전문적인 입장에서 다루는 분야는 늘 정신과 일반 진료에 관한 내용이었다. 다시 말해, 병원에 온 환자를 어떻게 진료할지에 관한 부분이다. 진단 및 치료 방법 논문이나 책만 쓸 수 있는 것이다.

하지만 '현대인이 갖고 있는 마음의 병' 혹은 '도요코 키즈들이 보이는 정신 병리학적 문제와 사회 구조' 등에 대해서 써달라고 하면 당황스럽다. 물론 적당히 둘러대면서 그럴듯하게 말할 수야 있겠지만 학술적으로 보면 참으로 깊이 없는 논의가 될 게 뻔하다. 현대인이나 도요코 키즈 등이 속하는 범주에 대해서는 한 명의 정신과 의사로서 전문적으로 책임지고 이야기할 수 있을 만한 내용이 없기 때문이다. 내가 진료한 환자나 자주 대하는 질환이라면 전문적인 지식을 가지고 이야기할 수도 있겠지만 말이다. 나는 이전에 『위선자론』이라는 책에서 평범하게 살아가고 있지만 사실은 우리 사회 안에서 매우 힘겹게 삶을 이어가고 있는 사람들을 글로 쓴 적이 있는데, 이 역시 전문 지식을 활용하다 보니 매우 복잡한 구조를 띨 수밖에 없었다.

이야기가 옆으로 샜는데 정리하자면, 평소 나는 '사회와 정신과'의 연결고리에 대해서 깊이 생각해 본 적이 없다. 이는 나의 전문 분야가 병원을 찾은 환자들을 진료하는 일이기 때문이며, 학술적인 면에서도 사회정신의학을 전공하지 않았기 때문이다.

그런 이유로 '멘탈 관리 주치의'에 대해서 내가 할 수 있는 범위 내에서 말하자면, 우선은 진료의 역치[35]에 관한 이야기이지 않을까 싶다. 내과에서든 정형외과에서든 정신과에서든, 진료를 받게 하는 역치라는 것이 있어서 이를 넘지 않으면 환자는 의료 기관을 방문하지 않는다. 따라서 첫 진료에서는 이 사람이 왜 진료의 역치를 넘어서게 되었는지 고민해야만 하고, 실제로 환자에게 직접 물어보는 경우도 많다.

예를 들어 아침 10시쯤, 1시간 전부터 흉부 압박감을 느꼈지만 일단 참고 출근했다가 도저히 안 되겠기에 내과를 찾은 직장인이 있다고 하자. 매일 출근을 하는 사람이 근무시간임에도 회사를 나와 병원까지 왔다는 건 통상 보통 일은 아니라고 생각해야 한다. 즉, 일을 미뤄서라도 진료를 받아야만 하는 진료의 역치를 넘어선 증상이 있음을 알아차려야 하는 것이다. 실제로 이러한 사람들은 심근경색일

---

[35] 진료를 받아야겠다고 생각하고, 실제로 병원을 방문하게 만드는 최소한의 증상을 뜻하는 조어. 이 역치는 개인마다 다르다. (저자 주)

확률이 높다.

반면 10년 전부터 흉부 압박감을 느껴서 왔다고 말하는 사람은 무엇이 그의 진료 역치를 넘어서게 했는지 의문을 가질 필요가 있다. 그렇게 오랫동안 힘들었는데 어째서 오늘에서야 진료를 보러 온 것인지 말이다. 그래서 환자에게 자세히 물어보면 사실은 며칠 전 친척이 심근경색으로 사망했다는 이야기를 듣고 덜컥 겁이 나서 병원을 찾았다는 말을 듣기도 한다. 이 경우 진료의 역치를 넘어서게 한 것은 '두려움'이다. 이러한 부분을 염두에 두면서 진단과 치료를 해 나가는 것이 바로 임상이다.

지금은 알기 쉽게 내과의 예를 들었지만 정신과에서도 마찬가지다. 언뜻 아무렇지도 않다는 표정으로 "요즘 좀 잠을 못 자서 수면제라도 받을까 해서요"라고 말하는 환자가 가끔 있는데, 진료의 역치를 넘어섰기에 병원을 찾았을 텐데 '아무렇지 않다'라는 건 쉽게 이해하기 어렵다. 그래서 환자는 태연한 척하고 있지만 자세하게 이것저것 묻다 보면 사실은 우울증 증상을 보이는 일이 자주 있다. 가끔은 환청에 시달리고 있다는 심각한 상황으로 전개될 때도 있다. 또 어딘가 좀 수상하게 느껴져서 끈질기게 추궁하다 보면 허술한 부분이 드러나면서 '아, 이 사람 수면제 불법 판매자구나' 하고 알아차리는 경우도 있다.

이렇듯 진료까지 이르게 한 계기가 무엇인지, 정신과라는 높은 장벽을 넘게 된 맥락이 무엇인지가 진료를 볼 때 매우 중요한 조건으로 작용하는 경우가 많다. 평소 이러한 관점으로 진료에 임하기 때문에 언제든지, 누구라도 정신과 진료를 받는 것이 당연하다는 식의 '멘탈 관리 주치의'라는 개념에 위화감이 들었던 것이다.

아울러 '멘탈 관리'라는 말에도 영 익숙해지지 않는다. 의사들은 '어떤 증상을 보이는 사람을 진단하고 치료한다'라는 의료 모델을 기반으로 일을 하고 있다. 따라서 진찰이 필요 없는 건강한 사람이 한

달에 한 번씩 의사를 찾아 관리를 받는 상황을 당연하게 여기기는 어렵다.

"실은 최근에 남자 친구와 싸웠어요. 기분이 너무 우울해요."

"음, 이 경우엔 남자 친구에게 사과하는 게 낫겠네요. 그리고 아침 일찍 일어나서 운동을 좀 해보세요. 심호흡을 7회 하고 가장 멋진 자신의 모습을 상상해 보는 거예요."

"아, 선생님. 얘기하고 나니 가슴이 후련해졌어요. 감사합니다. 또 관리받으러 올게요!"

말하자면 이런 상황인 것이다. 뭐가 됐든 그 사람에게 도움이 되었다면 다행이지만 아무래도 의사로서는 이게 맞는 건가 싶은 생각이 든다.

정신과 의사는 보험이 적용되는 일반 진료와는 별도로 상담 치료도 시행한다. 상담 치료는 일반 진료보다는 지속적으로 관리받는 측면이 더 강하다 보니 일종의 '멘탈 관리'로써 이용하고 있는 클라이언트도 간혹 있을지 모르겠다. 클라이언트가 상담 치료에 어떠한 의미를 부여하고 있는지는 저마다 다를 테니 말이다. 또한 이것이 반드시 치료자가 생각하고 있는 의도와 일치한다고 볼 수도 없다. 기본적으로 치료자가 '멘탈 관리'를 위해 상담 치료를 제안하는 경우는 없다. 상담 치료도 '사람들과 친해지기 어렵다'라거나 '사람들 앞에서 너무 쉽게 긴장한다'라는 등의 이야기를 듣는 것에서부터 시작한다. 증상에 대한 진단을 내린 뒤 치료를 진행해 나가는 구도로 보자면 일반적인 정신과 진료와 큰 틀에서 다르지 않다. 그렇기에 만일 '멘탈 관리'를 전문적으로 하는 곳이 생긴다면 아마도 보험이 적용되는 일반 진료가 아닌 상담 치료를 시행하는 곳이 될 가능성이 크다.

 '멘탈 관리'를 담당하는 사람이 필요하다는 부분은 이해하지만, 이를 정신과라는 병원 안에 속한 하나의 진료과가 담당해야 할지는 아무래도 신중한 고민이 필요해 보인다. 만약 이렇게 된다면 아무래도 나카모토 씨와 같은 중개자 역할을 맡는 사람들이 앞으로는 더욱 중요해지지 않을까 싶다. 또한 진료실에서 건강한 사람들의 '멘탈 관리'를 자유롭게 진행하는 정신과 의사도 등장할 것 같다. 아니 내가 잘 몰라서 그렇지 이미 등장했을지도 모르겠다.

어느 쪽이든 사회가 어떠한 방향으로 나아갈지는 판단하기 어렵다. 다만 '멘탈 관리 주치의'는 의료 밖의 영역에서 형성되는 편이 좋겠다는 게 내 입장이다. 하지만 이렇게 되면 정신과에 대한 편견 문제가 해결되기 어려울 테니 역시 간단하게 결론을 짓지 못하겠다. 미안하지만 오늘도 "음, 아직 잘 모르겠네요" 하면서 보류해 두는 수밖에 없겠다.

MBTI

신종 코로나바이러스가 맹위를 떨칠 무렵에는 정부가 '스테이 홈'을 외치며 집에 머물러 있기를 강요했다. 물론 주간에는 직업상의 이유로 당연하다는 듯이 출근했지만, 일이 끝나면 아무래도 여러 가지 활동에 제약이 생겼다. 퇴근 후 동기와 집에서 한잔한다거나 삼삼오오 모여 바비큐 파티를 여는 것은 물론이고, 번화가에서 이성과 어울리거나 술집에서 술을 마실 수도 없었다. 그런데 사실 애초에 이런 걸 해본 적이 없는데, 제한당했다고 말해도 되나.

아무튼 당시에는 친구와 술 한잔하기도 어려운 상황이었다. 그런 연유로 우시고메에 있는 집에 칩거하며 매일 한국 드라마를 봤다. <사랑의 불시착>이나 <이태원 클라쓰>가 너무 재밌어서 이렇게 나도 한국 드라마에 빠지는구나 싶었는데 의외로 그렇지는 않았다. 재미있는 드라마도 있었지만 그렇지 않은 것도 많아서 '이런 점은 일본 드라마랑 똑같네' 하는 생각이 들 무렵 정점을 지나 흥이 식어버렸다. 하지만 한국 엔터테인먼트 콘텐츠가 대단하다고 생각했다.

그렇다면 다음은 BTS나 한국 음악에 빠지는 건가 싶었는데, 아무리 K-POP 뮤직비디오를 봐도 어느 부분이 킬링 파트인지 구별이 되지 않아서 확 꽂히지 않았다. 결국 누가 들어도 후렴구가 킬링 파트로써 귀에 확 들어오는 마키하라 노리유키[36]의 곡으로 기울곤 했다.

•

36 1990년대 일본 대중 음악계에서 크게 활약한 남성 싱어송라이터.

윤리적인 사이코패스

그러던 중 혁명이 일어났다. 한국의 서바이벌 오디션 프로그램을 보고 만 것이다. 서바이벌 오디션 프로그램이란 간단히 설명하면 방송을 통해 실제로 가수로 데뷔할 멤버를 선발해 나가는 프로그램이다.

내가 본 건 '엔하이픈'이라는 보이 그룹을 배출한 <I-LAND>라는 오디션 프로그램이었다. 이게 정신을 못 차릴 만큼 재미있었다. 다음은 <프로듀스 101> 시리즈로 몇 개의 시즌이 있었는데 대부분 재미있게 봤다. 또 여기에서 파생된 프로그램인 <걸스 플래닛>과 <보이즈 플래닛>도 한껏 빠져서 흥미롭게 봤다. 그러자 일본에서 크게 유행했던 오디션 프로그램에도 관심이 생겨서 '니쥬[37]'를 배출한 <니지 프로젝트>[38]도 전편을 봤고, K-POP은 아니지만

---

37 2020년에 데뷔한 9인조 일본 걸 그룹.
38 JYP와 소니 뮤직이 협업하여 일본 현지화 걸그룹을 선발한 프로젝트. 2019년에 일본 OTT 훌루에서 방영됐다.

'비퍼스트[39]'가 탄생한 <더 퍼스트>도 전부 봤다.

그래서 그게 뭐 어쨌다는 걸까.

"♬ 네가 아무리 오디션 프로그램을 많이 본다고~ 서른네 살 의사 아저씨가 글로벌 보이 그룹으로 데뷔할 일은 절대 없다고~ 현실을 직시해! 어서 일어나 하지? 그저 지금의 삶에 감사해~♪"

어디선가 중년 회사원이 랩을 하는 듯한 끔찍한 목소리가 들려와서 겨우 정신을 차렸다. 아 맞다, 그래서 말인데 오늘은 한국에서 유행하는 MBTI 이야기를 하려던 참이었다.

MBTI란 마이어스-브릭스 유형 지표Myers-Briggs Type Indicator로, 4가지 지표에 따라 외향형E인지 내향형I인지, 감각형S인지 직관형N인지, 사고형T인지 감정형F인지, 판단형J인지 인식형P인지를 구분하

---

39 일본의 유명 프로듀서 스카이 하이가 기획한 오디션 프로그램 <더 퍼스트>를 통해 데뷔한 7인조 보이 그룹. 제작자가 K-POP을 벤치마킹했다고 알려져 있다.

윤리적인 사이코패스

여 총 16가지 유형으로 성격을 진단하는 검사다. 위키피디아에 따르면 미국에서 시작된 걸로 보이는데, 내가 느끼기에는 지금 한국에서 엄청나게 유행하는 모양이다. 왜냐하면 오디션에 참가하는 한국 연습생들은 반드시 이 MBTI를 혈액형처럼 프로필에 쓰기 때문이다. 방송에서도 "누구누구는 ENFP다" 하는 말이 나오면 다들 고개를 끄덕이며 "그럴 것 같네" 하는 반응을 보인다. 말하자면, 일본에서 "쟤는 A형 같아" 하고 혈액형에 대해서 말하는 상황과 유사하게 사람들 사이에서 회자되고 있는 것이다. 이 점이 정말 놀라웠다.

그 영향인지 일본에서도 최근 MBTI에 관한 이야기가 솔솔 나오고 있다. 매우 드문 사례이긴 하지만 이전에 한 환자가 MBTI를 물어보는 바람에 서바이벌 프로그램에서 엿본 수준의 지식으로 대충 아는 척하며 위기를 넘긴 적이 있다. 이 정도면 일본에서도 꽤 알려져 있는지도 모르겠다.

궁금해서 인터넷에 올라와 있는 MBTI 검사를 직

접 해보니 일종의 스스로 기록하는 자기식 심리 검사 같은 느낌이었다. 결과를 받아보면 고개가 절로 끄덕여지며 납득할 만했다. 그런데 정신과 의사가 MBTI를 모를 수도 있냐며 놀라는 독자가 있을지도 모르겠다. 하지만 이는 지극히 당연한 일로, MBTI는 일반 사람들의 성격을 16가지 종류로 분류하는 검사일 뿐, 질병을 분류하기 위해 만들어진 것이 아니기 때문이다.

정신의학 분야에서 이루어지는 성격 평가는 주로 병적인 측면을 중심으로 분류한다. 예를 들면 사물을 현실적으로 파악해서 생각하는 능력이 어느 정도 떨어져 있는지, 힘들 때면 무의식적으로 어떠한 방법을 사용해 마음을 다스리는지 같은 것들이다. 이를 참고해서 성격 장애의 '종류'와 '중증도'를 판단한다. 사이코패스나 나르시시스트처럼 일반인들에게 널리 알려진 용어도 이 성격 평가에서 유래한 개념이다.

병적인 측면을 중심으로 분류하는 이유는 평가 내용이 치료와 직결되기 때문이다. 'ENFP 유형의 사람은 이렇게 치료해야 한다'는 임상 실험의 결과는 아직 나온 바 없어서 MBTI를 정신과 의사가 사용하고 싶어도 방법이 없다. 게다가 자세히 읽어보지 않아서 정확하지는 않지만, 위키피디아를 훑어본 바로는 타당성이나 신뢰성 등도 충분치 않아 보인다.

이와 같은 내용을 바탕으로 이런 상황을 가정해 보았다. 만약 MBTI가 크게 유행하여 누구나 INTJ가 어떤 사람을 말하는지 알 수 있게 된다면 진료실에서도 MBTI가 유용하게 쓰이지 않겠느냐는 가정이다.

예를 들면 '적응 장애'라는 질환이 있다. 간단하게 설명하면 어떤 환경에 적응하려고 했을 때 어려움을 느끼고 몸 상태가 쉽게 나빠지는 증상이다. 이때는 환자가 어떤 성격을 가지고 있느냐에 따라 실제 치료 상황에서의 대응 방법이 크게 달라진다. 하지만 막상 정신과 영역에서는 이 부분에 관한 세세한 연구가 이루어지지 않아서, 일반적으로 그냥 '적응 장애'라고 한데 묶어 두는 경우가 대부분이다.

적응 장애뿐 아니라 다른 장애에서도 환자가 어떤 성격을 가졌는지는 매우 중요한 부분이다. 의사로서 말을 걸 때는 당연히 환자가 어떤 사람인지를 먼저 살펴야 하고, 조언하는 게 좋을지 아닐지 등도 환자의 성격을 고려해서 결정해야 한다. 집에서 쉬는 걸 좋아하는지 혹은 밖에 나가는 걸 좋아하는지, 모든 일이든 스스로 노력하는 편인지 아니면 누군가의 지시를 그대로 따르길 좋아하는지 등처럼 말이다. 또 집에서는 직장에서의 일은 가능한 잊고 싶어 하는지, 복직하면 곧바로 풀타임으로 근무하길 원하는지, 미리미리 복직 준비를 해 두는 편인지 등 환자가 어떤 성향을 보이고 있는지 파악해 두면 치료에 도움이 된다. 비교적 명확하게 방향이 나눠지는 부분에 대해 알고 있으면 정신 질환으로 일을 그만두었다가 복직하는 과정에서 이 사람이 앞으로 어떤 행동을 보일지 초반에 80% 정도는 예측할 수 있다. 그렇다는 것은 이후 발생할 수 있는 문제도 미리 예방책을 마련해 둘 수 있다는 뜻이다. 따라서 적응 장애를 앓는 환자가 진료를 받으러 오면 초반에 이 사람이 어떤 사람인지 미리 진단해 둘 필요가 있다.

만일 MBTI와 같은 개념이 유행한다면 물론 완벽하지는 않겠지만 저 사람은 ENFP니까 이런 말은 하지 않는 게 좋겠다든지, ISTJ니까 앞으로 이런 전개가 예상된다든지 하는 식의 사고가 치료자의 머릿속에 떠오르지 않을까 싶다. 물론 환자를 볼 때는 개별성이 매우 중요해서 그 사람에게만 있는 특징을 세심하게 살피는 것이 무엇보다 중요하다. 하지만 단순히 '적응 장애'라고 하나로 묶어 놓기보다는 우선 대략적으로라도 어떤 유형의 사람인지 나눠 둘 수 있다면 치료자의 관점에서 꽤 유용할 것이다. 그런 의미에서 초반의 시행착오를 줄이는 데 MBTI

가 의외로 큰 도움이 되지 않을까 싶은 막연한 생각이 든다.

하지만 현시점에서 MBTI는 정신과 의사들에게 믿을 수 없는 수상한 진단 검사로 받아들여지고 있다. 만약 3년 후쯤 MBTI가 크게 유행해서 어느 정신과 의사가 '초간단! MBTI로 분류하는 ●●진단'과 같은 책을 내거나 글을 쓴다면 틀림없이 비판을 받을 것이다. '사람'이 아닌 '병'을 보는 것이 습관이 된 정신과 의사가 사람을 16가지 유형으로 구분해서 병을 본다는 건 어디까지나 요행이기 때문이다. 차라리 내과에서라면 활용될 가능성이 있지도 않을까 하는 게 내 생각이다.

이런 생각들을 하면서 한 설문 조사에 응했더니, 세상에 MBTI를 적어 넣는 항목이 떡하니 나온다. 머리를 굴려 가며 얼마 전에 한 검사 결과를 생각해 내려 애썼지만 알파벳 네 글자 중 첫 번째가 I였던 것 말고는 기억나질 않았다. 어쩔 수 없이 IWGP라고 쓰고 구보즈카 요스케[40]의 표정을 흉내 내봤지만 아무도 보지 못한 것 같다. 뭐, 봤다고 해도 하나도 비슷해 보이지 않았겠지만.

---

[40] 2001년 영화 <고>에서 재일교포 역을 맡아 한국에 이름을 알린 일본 배우. 'IWGP'는 2000년도에 그가 주연을 맡았던 일본 TBS 드라마 <이케부쿠로 웨스트 게이트 파크>의 줄임말이다.

'장소'가 사라진다는 것

이 글을 쓰고 있는 지금은 2023년 3월 중순으로 연도말이다[41]. 최근 몇 년 동안은 진료를 보는 장소가 고정되어 있어서 연도가 바뀌어도 기본적인 업무 환경은 그대로 유지되었다. 내가 알기로 대부분의 의사는 일상을 주간 단위로 파악한다. 이를테면 월요일은 초진 외래와 병동 업무, 화요일은 하루 종일 외래, 수요일은 병동 업무 후 오후에는 A 병원에서 아르바이트, 목요일

---

[41] 일본에서는 연말과 별도로, 매년 1~3월을 연도말이라고 부른다.

은 다시 외래, 금요일은 하루 종일 B 병원에서 아르바이트, 토요일은 오후에 C 클리닉에서 아르바이트, 일요일은 휴무와 같은 식이다. 이런 주간 단위의 생활이 계속 흐트러짐 없이 이어져 왔는데, 드디어 이번 연도말에는 큰 변화가 생겼다.

 나는 2년 반 동안 일요일이면 부모님이 운영하는 클리닉(세이조마치 진료소)에서 일을 했다. 맨션의 방 하나를 빌려서 의사 가운도 입지 않은 채, 말 그대로 내 몸 하나만 가지고 초진과 재진 외래를 해왔다. 계산도 의사가 직접 해야 해서 클리닉이라기보다는 점집이나 네일숍, 퍼스널컬러 진단 센터 같은 분위기를 띠는 곳이었다. 그런데 그곳이 3월 말로 보험 진료를 종료하게 되면서 이참에 나는 보험 진료가 가능한 도심에 있는 타 병원으로 옮기게 되었다. 그리하여 마지막 몇 달 동안은 환자 한 분 한 분과 만나며 이번 기회에 진료를 종료할지, 근처 다른 병원에 소개를 해줄지, 아니면 내가 가는 클리닉으로 함께 옮겨서 진료를 계속 볼지 등을 정했는데 이 과정이 여러 가지 의미에서 꽤 힘들었다.

그 과정에서 내가 가는 클리닉으로 진료 장소를 옮긴 환자 중 적지 않은 분이 이곳에서 받는 진찰이 자신에게 큰 의미가 있었다는 이야기를 건넸다. 의사와 환자는 일대일로 진료를 보기에 둘 사이의 관계성은 당연히 중요한데, 이와 마찬가지로 진료를 보는 '장소'와 맺게 되는 관계성도 매우 중요하다. 나아가 병원으로 오기까지의 길이라든지 전철과 같은 교통수단도 진료를 받는 과정에 포함된다. 따라서 장소가 바뀌면 아무리 똑같은 사람이 진료를 보더라도 전혀 다른 경험이 되고 만다. 그것이 누군가에는 매우 힘거운 일일지도 모른다는 생각에 마음이 무거워졌다. 특히 세이조마치 진료소는 환자당 진료 시간도 비교적 길게 확보할 수 있어서 매우 사적인 분위기를 띠는 공간이었다. 곧 일하게 될 도심에 있는 클리닉은 흔히 생각하는 일반적인 클리닉이라 훨씬 공적인 장소라는 인상이 강할 터였다.

앞에서 2023년 3월 중순에 글을 쓴다고 했는데, 여기서부터는 2024년 1월에 덧붙이는 글이다. 시제가 혼란스러워서 마치 크리스토퍼 놀란이 쓴 에세이 같아져 버렸다. 아무튼 지금은 또다시 연도말이다. 그런데 이번에는 주로 출근하는 곳이 바뀌게 되었다. 오랫동안 근무했던 정신과 병원에서 대학병원으로 옮기게 된 것이다. 그런 이유로 작년에 했던 환자 한 명 한 명과의 정리 과정을 반복해야만 했다. 이번에는 병원에서 병원으로의 이동이니 이전과 같이 공적인 장소로 이동하는 변화였음에도 역시나 "이곳에서 진찰을 받는 것이 자신에게는 큰 의미가 있었다"라는 이야기를 건네는 분이 적지 않았다. 그래서 새삼 '장소'라는 것에 대해서 다시 생각하게 된다.

그런 와중에 여러 번 들었던 말이 온라인 진료는 보지 않느냐는 질문이다. 신종 코로나바이러스가 유행한 후로 온라인 진료를 보는 추세가 급물살을 타고 있다. 문득 한때 유행하던 '심어진 곳에서 피어나라'라는 말이 어디선가, 누구인지 모를 목소리로 귓가에 울린다. 나는 심어진 곳, 즉 내가 근무하고 있는 시설에서 온라인 진료를 하면 하고, 하지 않으면 안 할 뿐이다. 이렇게 쓰고 보니 '로마에 가면 로마법을 따르라'라는 비유가 더 적절했을 것 같다. 하지만 '심어진 곳에서 피어나라'라는 말이 먼저 떠올랐으니 내 마음의 소리를 따르겠다.

갑자기 글이 산으로 간 느낌이라 다시 정리하자면, 내가 근무하던 시설에서는 온라인 진료를 보지 않으므로 월급쟁이인 나는 이에 따라 온라인 진료는 보지 않는다는 말이다.

하지만 생각해 보면 온라인 진료가 매우 편리해 보이긴 한다. 우선 집에 있으면서 진료를 볼 수 있다. 이는 환자도 그렇지만 의사에게도 마찬가지다. 게다가 정신과는 신체 진찰이나 채혈, 엑스레이 검사 등이 최소한으로 이루어지기 때문에 진료를 온라인으로 진행하기가 매우 수월하다. 은둔형 외톨이나 외출하는 데 공포를 느끼는 사람들의 진료도 용이해진다. 바빠서 외래에 올 시간이 없는 직장인도 업무 중 짬을 내서 사무실에서 진료를 받을 수 있다. 진료의 문턱이 낮아지면서, 정신 질환으로 힘들어하는 사람들을 더 많이 구제할 수 있는 것이다. 오호라, 만세, 만세, 만만세! 산에 올라 건강 체조를 하는 사람들처럼 하늘을 향해 만세를 외치고픈 심정이다.

앞으로는 각종 제도와 병원의 시스템이 정비되면서 대면 진료와 온라인 진료가 섞인 하이브리드 양상을 띠지 않을까 싶다. 그런데 아직까지 이에 관해 공부한 적이 없어서 내가 제대로 '캐치 업' 할 수 있을지는 모르겠다. 괜히 똑똑한 척 영어를 써봤지만 나의 무지를 감추기에는 한참 모자라 보인다. 온라인 진료에 대해서 진즉에 공부해야 했는데 그 시간에 드라마나 오디션 프로그램을 보고 있었으니 아무래도 잘 따라가지 못할 듯싶다.

다만 온라인 진료와 관련해서 한 가지 신경 쓰이는 부분이 있다. 바로 '장소'가 사라진다는 문제다. 진료란 '아, 내일 병원 가는 날이지' 하는 데서부터 시작된다. 일어나서 준비하고 병원까지 이동해서 접수를 한 다음 대기실에서 한참을 기다린다. 그러다 자신의 이름이 불리면 드디어 진료실에 들어가서 의사와 얼굴을 맞대고 이야기를 나눈 다음 진료가 끝나면 계산하고 처방전을 받아 약국으로 향하는 것이다. 약국에 들러 돌아가는 길에는 경우에 따라 케밥 샌드위치를 사서 집으로 가기도 하는 것이 진료의 흐름이랄까. 이런 일련의 과정 전체가 진료가 된다. 그 과정에서 다양한 사람과 만나고, 케밥 샌드위치 가게 직원과 잡담을 나누는 일이 루틴이 될 수도 있다.

온라인 진료든 대면 진료든, 내가 진료를 본다는 점에서는 큰 차이가 없다. 하지만 마치 세이조마치 진료소에서 도심에 있는 클리닉으로, 정신과 병원에서 대학 병원으로 바뀌는 것처럼 순수하게 진료를 보는 순간을 제외한 모든 장소의 요소들은 달라진다. 아니, 온라인의 경우에는 그 외 모든 것들이 전부 생략되어 버린다. 그렇게 되면 아마도 진료를 통해 느끼는 감정도 크게 달라질 것이다. 그것이 어떤 식으로 진료에 영향을 미칠지 의사 입장에서는 고려하지 않을 수가 없다.

또한 언제 어디서나 접속이 가능한 온라인 진료는 진료의 역치를 낮추므로, '언제, 어디서'에 숨어 있는 의미가 감춰질 것이다. 다시 말해, '직장인인데 평일 낮에 왔네?' 혹은 '이렇게 멀리서 일부러 우리 병원까지 찾아왔네?'와 같은 정보를 통해 문제의 본질로 다가서는 방식은 자연스럽게 사라질 수 있다.

또한 대기실에서의 모습이나 입실할 때의 분위기, 의자에 다가가서 앉는 동안의 걸음걸이, 다른 사람을 눈앞에 두었을 때 보이는 행동 등 대면했을 때만 얻을 수 있는 모든 비언어적 정보도 격감할 것이다. 화면상으로는 그러한 정보가 보이지 않는 만큼 다른 부분에서 무의식적으로 정보를 보충할지도 모르지만 지금은 아는 바가 하나도 없다.

    이렇게 쓰고 보니 내가 온라인 진료에 대해서 이의를 제기하는 별난 사람처럼 보일 것 같아서 입장을 확실히 해야겠다. 앞으로 온라인 진료는 세상에 꼭 필요한 방식이 될 것이다. 이러쿵저러쿵 논의할 틈도 없이 모두가 당연하게 온라인 진료를 중심으로 하는 날이 곧 올지도 모른다. 아마 그때의 나는 초반에 얻을 수 있는 정보가 갑작스레 줄어들어서 당황할 것 같다. 하지만 또 결국에는 적응하리라고 생각한다. 현실을 받아들이고 이 상황에서 어떻게 해야 할지를 생각해서 끝내 모든 게 가능해지게 만들 것이다. 다만 그 시점이 올 때, 나와 함께 '장소'를 떠나야만 하는 환자들이 언급했던 장소의 의미와, 장소에 따라붙는 여러 가지 요소들이 사라진다는 사실에 쓸쓸함 혹은 체념 따위를 느낄 것이다. 그런 미묘한 차이나 희미하게 달라지는 어떤 색깔만큼은 기억해 두고 싶다.

몸에 맞춰서

오늘은 '현역 정신과 의사가 알려주는 건강 비법! 이것만 알면 당신도 컨디션 난조에서 벗어날 수 있다!'를 주제로 이야기해보겠다.

이러면 내가 이상한 건강서를 써서 일반인들에게 팔려고 한다고 오해할지도 모르겠다. 아니면 TV 예능 프로그램에 나와 '열사병에 걸렸을 때는 수분뿐 아니라 염분 섭취도 중요합니다'와 같은 뻔한 말을 늘어놓는 의사 겸 연예인을 노리는 것처럼 보일 수도 있다. 노파심에 말해두지만 그렇게 완전히 흑화하려는 의도는 전혀 없다.

이 주제는 그저 내가 실제로 실천하고 내 환자들에게 비교적 자주 권하는 '건강 비법'을 세상에도 전하고 싶은 친절함에서 나온 것이다. 하지만 흑화하는 사람들의 이야기를 들어보면 대부분 이러한 친절함이나 의협심에서 출발했다고 하니 결과적으로는 이것이 내 흑화의 첫걸음인지도 모르겠다.

나는 사실 책에 '이렇게 하면 건강해진다'와 같은 내용을 쓰는 걸 좋아하지 않는다. 뒤에서도 설명하겠지만 이를 읽고 실천한 사람들의 건강을 내가 온전히 책임질 수 없기 때문이다.

하지만 만약 쓴다면 어떤 내용을 쓸까 하는 상상은 자주 한다. 그 내용 하나로 책 한 권을 쓰진 못하겠지만 만약 딱 하나의 주제만 골라야만 한다면 '몸에 맞춰서 생활하자'라는 내용이 될 것이다.

무슨 말이냐 하면, 가령 아침에 일어났더니 몸이 평소와 다르게 무겁다면 그날은 그 상태로 하루를 보내면서 전력을 다하지 말라는 이야기다. 내 몸 상태에 맞춰서 할 수 있는 범위 내에서만 활동하라는 것이다. 가령 오늘 뭔가 험한 일, 이를테면 논문을 쓴다거나, 4회전 점프에 도전한다거나, 89종류의 향신료를 써서 카레를 만들어야 한다면 일정을 미루거나 적당히 임하는 편이 좋다. 만약 오후에 컨디션이 회복되면 거기에 맞춰서 다시 할 수 있는 일을 하면 된다.

'그게 뭐야, 다들 원래 그러지 않나'라고 생각할지도 모르겠다. 하지만 내가 관찰한 바에 의하면 이런 식으로 세심하게 몸 상태를 살피며 생활하는 사람은 아주 극소수다. 환자뿐 아니라 대부분의 사람이 몸에 맞춰서 생활하는 데 익숙하지 않다.

보통 사람의 패턴은 이렇다. 아침에 일어났는데 몸이 너무 무거워서 아무것도 하기 싫고 죽고만 싶은 심정으로 꼼짝도 못 하겠다. 하지만 오늘은 89종류의 향신료를 써서 카레를 만들어야 하는 날이다. 젠장, 왜 이렇게 몸이 무겁지. 원래였다면 아침부터

<봄바람은 빛과 함께>를 콧노래로 흥얼거리며 상쾌한 기분으로 89종류의 향신료를 넣은 스페셜 카레를 만들어 거리의 사람들에게 나눠주는 자선 사업을 벌였을 텐데……. 이런 생각을 하면서 무거운 몸을 억지로 일으킨 후 카레를 만들려고 해보지만 아무래도 몸이 따라주질 않는다. 아, 89종류의 향신료를 써서 카레를 만들지 못하는 나는 아무짝에도 쓸모없는 인간이구나. '젠장, 원래였다면 아침부터 <봄바람은 빛과 함께>를 콧노래로 흥얼거리며' 하면서 생각의 무한루프에 갇혀 버린다. 기분은 최악으로 치닫고 이 탓에 한층 더 몸이 무거워지는 악순환에 빠지고 만다.

그런데 <봄바람은 빛과 함께>는 누가 부른 노래였더라. 궁금해져 검색해 봤지만 그런 곡 자체가 없어서 순간 소름이 돋는다. 평행 세계에서 또 다른 내가 들은 노래인가 보다.

아무튼 내가 하고 싶은 말은 사람들은 모든 일을

대할 때 컨디션이 매우 좋을 때를 기준으로 삼는다는 점이다. 앞의 예로 살펴보자면 <봄바람은 빛과 함께>를 콧노래로 흥얼거리며 89종류의 향신료를 써서 카레를 만들 수 있었던 나 혹은 그날을 기준으로 생각한다. 지금 몸 상태는 전혀 그렇지 않음에도 말이다.

우리는 내일 무슨 일이 일어날지 어느 정도 예상은 하고 있지만, 그건 어디까지나 섣부른 판단일 뿐이다. 갑자기 컨디션이 나빠질 수도 있고 전쟁이나 전염병처럼 상상도 못 한 일이 일어나 모든 상황이 송두리째 바뀌는 경우도 얼마든지 벌어질 수 있다.

그것이야말로 '현실'이다. 그 상황을 우선 받아들이고 이후에 어떻게 행동할지 결정해 나가는 것을 기본으로 삼아야 한다. 하지만 우리는 언제부턴가 좋지 않은 일이 일어나면 그 '현실'이 가짜라고 여기고 부정하고 싶어 하며, 내가 상상하고 있던 시나리오만이 진짜라고 착각할 때가 많다.

다시 말해, 상상하고 있던 진짜 내 모습에서 밀려

나와 원치 않는 상황에 처했다고 생각하는 것이다. 그러고는 빨리 진짜 나의 모습으로 돌아가야 한다고 조바심을 내며 애쓰다가 현실과 이상의 차이 때문에 몸 상태는 더욱 나빠진다. 조금만 쉬었으면 금방 좋아졌을 텐데, 상태가 오히려 심각해져 버리고 만다.

다시 한번 말하지만 우리가 예측한 미래가 가짜고, 지금 벌어지고 있는 모든 일이 현실이다. 따라서 아침에 일어났을 때 몸 상태가 안 좋다면, 몸 상태가 좋았을 나란 어디에도 존재하지 않는다. 그럴 가능성이 없진 않았지만 여러 가지 조건들로부터 그 현실은 찾아오지 않았다. 그런데도 왜 찾아오지 않았는지만 되뇌는 건 '혼노지의 변으로 오다 노부나가가 죽지 않은'[42] 평행 세계를 가정하는 것과 다를 바 없다.

그보다는 조금이라도 빨리 현실에 대응하는 편

---

42 일본 전국 시대 말기, 당대의 맹주 오다 노부나가가 부하의 배신으로 죽임을 당한 사건.

이 좋다. '오늘은 몸 상태가 안 좋네, 그러면 이 정도만 해야겠다'라는 식으로 재빨리 계획을 수정하는 것이다. 카레를 나눠 주는 자선 사업은 일찌감치 포기하고 잠을 자는 게 좋겠지만, 이미 SNS로 홍보도 했고 인플루언서가 '좋아요'도 누른 마당에 안 할 수 없는 상황이라면 계획했던 89종류의 향신료를 5종류로 줄이는 방법이 있다. 여기에 직접 만든 음료수도 나눠줄 계획이었다면 그건 처음부터 없었던 셈으로 치자. 일찍 가서 간판도 세우고 SNS에 사진도 올리려고 했는데 이건 다른 사람에게 부탁하면 된다. 돈 아끼려고 전철을 탈 생각이었다면 그냥 오늘은 택시를 타고, 샤워도 하고 머리도 해야 해서 여유롭게 일어났다면 모든 걸 최소한으로 줄이고 한 시간이라도 더 자는 쪽을 택하는 것이다. 이렇게 온갖 방법을 동원해서 그날의 몸 상태에 맞춰서 현실에 대응하는 것이다.

이렇게만 해도 결과는 완전히 달라진다. 하지만

3장

상상했던 이상적인 오늘을 머릿속에서 끝내 지우지 못하면 그 지점에서 훅 꺾여버린다. '아니, 도대체 왜?' 하면서 전부 계획대로 해내려고 하면 오히려 몸에 탈이 나고 만다. 반면 현실을 얼른 받아들이고 적절하게 경로를 수정해서 대응하면 어떻게든 그날 하루를 잘 보낼 수 있다.

표현을 살짝 달리해보자면 무승부를 노리는 방법도 있다. 모든 경기에서 이길 필요는 없으므로 이번 경기에서는 무승부가 나더라도 전체 경기에서만 이기면 된다고 전략을 세우는 것이다. 경우에 따라서는 한 경기쯤 진다고 해도 상관없다.

예를 들면 5인이 출전하는 검도의 단체전에서 첫 번째 선수와 두 번째 선수가 이겼다면 2:0인 상태로 세 번째 경기가 시작된다. 이때 세 번째 경기에서 이긴다면 그대로 시합이 끝나겠지만, 상대가 나보다 훨씬 강한 상대라면 무리해서 이기려고 했다가는 오히려 빈틈이 생겨서 패배할 확률이 높다. 여기에서 지면 2:1이 되고, 남은 두 선수도 지면 결국 패배한다. 이럴 때는 세 번째 경기에서 무승부를 노려야 한다. 승리를 노리다가 패배할 바에야 무승부를 노리는 것이 훨씬 현명한 선택이다. 게다가 이번 경기에서 무승부를 따내면 상대편은 남은 두 경기에서 반드시 이겨야만 하기에 압박감이 커질 수밖에 없다.

이러한 논리로 보자면 가령 오늘이 엉망이었어도 일주일 전체로 봤을 땐 그럭저럭 괜찮으면 된다. 이번 주가 영 아니었다면 이번 달은 괜찮을 거라고 보는 마음가짐도 좋다. 일상이 검도와는 분명 다르겠지만 운동 시합처럼 시시각각 변화하는 상황 속을 살아가는 것이 우리의 삶이므로 그 대처 방법은 비슷할 것이다. 시합에서 처음 두 경기를 졌다고 세 번째 경기에서 낙담하며 왜 이기지 못했을까 하는 후회에 사로잡힌 채 경기에 임하는 선수는 없다. 그보다는 현실을 즉시 받아들이고 그때마다 행동을 변화시키는 방법이 일상을 보내는 데 있어서 매우 중요하다.

3장

그런 의미에서 사실은 이 글도 좀 더 논의를 확장하려 했으나 오늘따라 몸이 너무 무거운 관계로 이쯤에서 마무리해야겠다. 아무튼 건강이 제일이다.

강제 의료 행위에 대한 고민

의학 드라마나 의료를 주제로 다룬 다큐멘터리는 즐겨보지 않는다. 이전에는 그렇지 않았지만, 의사가 된 후로는 집에 와서까지 의료 현장에 대해서 생각하고 싶지는 않다는 게 주된 이유다. 하지만 곰곰이 생각해 보면 나는 퇴근 후 집에서 대부분 글을 쓰며 시간을 보내는데 그중 절반은 의료와 관련된 내용이다. 그러니 집에서까지 시달리고 싶지 않다는 건 결국 내 바람일 뿐이다.

또 다른 이유를 들자면 의학 드라마를 보다 보면

자꾸 트집을 잡고 싶어진다 해야 할까, 안 그러고 싶은데도 이상한 부분들이 눈에 거슬려서 참을 수가 없다.

"선생님! 환자가 드디어 눈을 떴습니다!"

"이제 됐어! 살았어!(BGM 웅장한 발라드곡)"

이런 장면을 대할 때면 그저 드라마상의 연출이라고 받아들이면 될 것을, '저건 그냥 진정제만 뺀 거잖아, 모니터에서는 아까부터 계속 바이털이 안정적이었다고' 하는 생각이 잡음처럼 머릿속을 헤집고 다녀서 도무지 집중이 안 된다.

하지만 굳이 의학 드라마가 아니더라도 수많은 드라마에서 병원은 단골처럼 등장하니 그것만이 의학 드라마를 보지 않는 이유는 아닌 것 같다. 뭔가 좀 더 본질적인 이유가 있지 않을까.

이와 유사하게 화제가 되는 의료 관련 기사들도 보고 싶지가 않아서 되도록 멀리하고 있다. SNS에서 화제인 의사와 관련된 뉴스거리도 그렇고, 코로나 정도의 대규모 사건에도 슬쩍 등을 돌린다. 코로

나와 관련된 글은 당연히 쓰지 않았고, 되도록 그런 글들이 내 계정에 도달하지 않도록 해두었다. 특히 X에서 화제인 의료 관련 뉴스거리만큼은 하나도 보고 싶지가 않아서 지인 이외에 타임라인에 흘러 들어오는 의사들의 계정 대부분은 뮤트로 해둘 정도다.

생각해 보니 의학 드라마나 다큐멘터리도 내용 자체가 싫다기보다는 방송과 동시에 마구 흘러 들어오는 여러 사람들의 감상을 보는 것이 싫은지도 모르겠다. 그러니까 의학 드라마나 다큐멘터리를 보지 않는 궁극적인 이유는 그저 보고 싶은 넷플릭스 드라마나 서바이벌 오디션 프로그램을 보기에도 시간이 모자라서인데, 그것만이라면 굳이 안 본다는 행동을 하지는 않을 것이다. 만일 세상에 의학 드라마나 다큐멘터리만 있다면 어쩔 수 없이 보지 않을까. 말하자면 나는 물밀듯이 밀려오는 수많은 사람들의 감상이 싫어서 이를 무의식적으로 피하는 것이다. 왜 그런지는 모르지만 의학 콘텐츠에 대해 의사나 일반인들이 이러쿵저러쿵 얘기하면 어쩐지 내가 비판을 받는 느낌이다. 그래서 뭔가 핑계를 대거나 변명해야만 할 것 같다. 아마도 X에서 언급하는 의사들도 나와 마찬가지로 이러한 느낌에 사로잡혀서 글을 올리는 게 아닐까 싶다.

예를 들어 다큐멘터리에서 의료 분쟁을 다루면 내가 소송을 당한 당사자도 아닌데 소송의 불씨가 매 순간 내 주위를 뱅뱅 도는 것만 같아서 항상 긴장 상태다. 한순간의 잘못된 판단이나 말로 언제든지 규탄받을 수 있다는 감각이 나를 옭아매는 것이다. 그래서 어떤 의료 소송이 공론화되고 담당 의사의 대응이 잘못되었다는 이야기가 사람들 사이에서 퍼지면 어쩐지 내가 비난받는 듯해서 마음이 영 불편하다.

바로 얼마 전에도 정신의학 관련 다큐멘터리가 방영된 모양인지 아무리 뮤트를 시켜도 관련 내용이 자꾸 타임라인에 떴다. 주기적으로 한 번씩 화제에 오르는 강제 의료 행위에 관한 내용이었는데, 특히 화제가 됐던 건 상식을 한참 벗어나는 수준에서 환자들을 대한 어느 병원이었다. 이는 강제 의료 행위의 시비를 따질 만한 수준도 아니었다.

조금 전 상식을 한참 벗어나는 수준이라고 말했는데 그렇다면 상식적인 수준의 강제 의료 행위란 무엇일까. 정신과 병동에서는 강제 입원의 조건이 법으로 정해져 있어서, 행정 절차에 따라 이루어지는 보호 입원 제도가 있다. 보호 입원이란 병원의 정신 보건 지정의와 보호자 간의 합의를 통해 환자를 입원시킬 수 있는 제도다.

이는 환자의 동의가 없어도 입원할 수 있기 때문에 강제 입원 혹은 비자발적 입원 등으로 불린다. 그래서 꽤 많은 수의 환자가 강제 입원을 당할 때 '인권 침해'를 주장하는데, 사실 일반적으로 생각하면 인권침해가 맞다. 다만 그 인권의 제한이 정신보건 복지법에 따라 지정되어 있을 뿐이다.

어떤 경우에 강제 입원이 성립하느냐면, '입원 치료가 필요하나 환자가 동의할 수 없는 상태일 때'다. 예를 들어 조현병으로 환각 및 망상에 빠져 있고 환청 탓에 옷까지 다 벗고 거리를 뛰어다니는 환자 같은 경우다. 혹은 자신이 정체불명의 첩보 조직에게 쫓긴다면서 거리를 걷는 사람들에게 "당신들이 누굴 노리고 있는지 나는 다 알고 있어요!" 하고 다니는 환자도 있다. 이런 환자들은 대부분 입원 치료가 필요한데도 스스로는 병을 인지하지 못한다. 즉, 자신의 생각이 망상이고 귀에 들리는 소리가 환청이라는 인식이 없어서 "몸이 아프니까 입원해야 합니다"라는 의사의 말에 동의하지 않는다. 반면 항정신성 약물을 사용하면 대부분의 환자가 망상에서 벗어날 수 있으며 사회 복귀도 가능하다. 당연히 가족들은 병을 치료하고 싶어 하고 의사의 생각도 마찬가지이므로 강제 입원 시스템이 존재하는 것이다.

문제는 환자 본인의 의지와는 다를 수 있다는 점

이다. 물론 증상이 나아진 다음에 환자에게 물어보면 그때는 제가 이상했다며 치료를 받기 잘했다고 하는 사람이 많다. 하지만 모두가 그렇지는 않다. 특히 조증 상태를 보이는 환자들이 가장 어렵다.

말이 많아지고 생각이 끊이지 않고 이어지며 에너지가 넘쳐흘러서 잠도 자지 않고 하루 종일 쉼 없이 활동하는 상태를 '조증'이라고 한다. 그런데 조증 증상을 보이는 환자들에게 입원 이야기를 꺼내면 대개는 거절당한다. 이게 원래 내 모습이라고 강력하게 주장하는 것이다. 제삼자의 시선으로 보면 주위 사람들과 부딪히는 게 빤히 보이고 현실적으로도 문제를 일으키고 있으므로 보호 입원과 같은 치료를 받아야 하는데도 환자는 단호하게 거절한다. 게다가 그들의 이야기를 자세히 듣다 보면 다는 아니지만 일부는 납득할 만한 내용도 있다.

양극성장애(조울증)는 특별한 이유 없이 조증과 우울증을 반복하는 질환이다. 그 배경에는 생물학적 기반 즉, 뇌의 생물학적·생화학적 이상이 자리한다. 이에 앞으로는 신경 질환의 일종으로 다뤄질 가능성도 있다는 게 최근 정신의학계의 입장이다. 따라서 조증 상태라고 판단되면 이런저런 이야기를 듣기보다는 약물 투여가 치료법으로 제일 우선된다.

그런데 조증은 심리적으로도 발현할 수 있다. 가령 극심한 우울감에 시달리던 사람이 어느 날 갑자기 하이 텐션으로 돌변해서는 여러 가지 일을 벌이는 모습을 본 적이 있을 것이다. 이는 생물학적인 원인에 의해 조울증에 걸렸다기보다는 일종의 심리적 작용이라고 볼 수 있다.

더욱 복잡한 문제는 생물학적인 조증 상태 즉, 조울증을 앓고 있다고 판단되는 사람도 가만히 이야기를 듣다 보면 이 사람이 어쩌다 조증 상태에 빠졌는지 그 심리가 이해되기도 하는 것이다. 이럴 때 나는 가능하면 '병'이 아니라 '마음'을 먼저 보려고 한다. 그럼에도 '병'의 특성을 보이는 부분도 있어서

약을 먹지 않는 한 일정 수준 이상의 개선은 기대하기 어렵다. 문제는 이 점을 환자 본인은 이해하지 못해 약물 치료를 거부하면 증상이 지속되는 상황이 벌어지는 것이다.

의료계의 일반 상식으로는 당연히 병은 방치하면 안 되고 강제로라도 개입하는 편이 예후가 좋다. 하지만 수십 명 중에 한 명은 정말 강제로라도 치료하는 게 맞는 건지 고민이 될 때가 있어서 매우 신중한 판단이 필요해지기도 한다.

아울러 '마음'은 보지 않고 '병'에만 집중해서 투약하고 나면 그 시점에서 증상은 분명히 개선되지만, 나중에 진정된 후에 이루어지는 진료에서는 '병'만이 아니라 '마음'을 치료하지 않으면 재발하는 경우가 많다. 강제 입원은 법적인 절차이므로 '병'이라는 측면에서 논의되고 있지만, 이때 '마음'이라는 측면을 따지다 보면 어떻게 합의점을 찾아야 할지 늘 고민이 깊어진다.

이러한 일상적인 죄책감을 안고 있기에, 의료계

의 화제는 멀리하고 싶다. 어쨌든 이 문제는 칼로 자르듯 명확하게 가를 수 없는 부분이라 늘 고민하고 또 고민하는 것이 정답이라고 생각된다.

정신과 의사인 내가 책을 쓰는 이유

이 책도 정신과 의사가 쓰는 일반서이긴 하지만 그런 책 중에서는 꽤 비주류에 속한다는 걸 잘 알고 있다. 그렇다면 주류에 해당하는 '정신과 의사가 쓰는 일반서'란 무엇일까. 말하자면 현재 아픈 사람들을 위해 '마음이 가벼워지는 법'이나 '긍정적으로 생각하는 법' 등을 평이한 문장으로 서술하는 책이다.

책은 아니지만 이와 비슷한 문장으로는 SNS 등에서 정신과 의사가 "숨을 크게 들이마시고 주위를 둘러보세요, 우린 모두 당신 편입니다", "힘들 때는 좀 도망쳐도 됩니다, 당신은 지금까지 최선을 다했어요" 하는 시적인 표현들도 있다. 혹은 '유리 멘탈로 고민하는 사람이 지금 바로 실천해야 하는 5가지 습관', '알고 보면 더 무서운 미소 우울증' 등이 담긴 쇼츠도 다 비슷한 콘셉트라고 할 수 있다. 이런 콘텐츠들을 볼 때면 손발이 오그라들고, '이건 아니지' 하는 냉소적이면서도 업신여기고픈 마음이 든다. 왜 이런 감정을 느끼는 것일까. 이참에 곰곰이 생각해보았다.

이러한 콘텐츠들은 일반인을 위한 것이라고는 하지만 분명히 지금 이 순간 고통받고 있는 이들이 흥미를 느낄 만한 정보다. 의도하지 않았더라도, 아픈 사람은 치료의 일환으로 이 정보들을 이용한다. 즉, 정보의 발신자인 의사는 간접적으로 얼굴도 모르는 어떤 사람을 치료하게 되는 셈이다. 물론 이 점에서는 내 책도 완전히 자유롭지는 못하다. 이 책은 지금 아픈 사람들을 위해서 쓰이진 않았지만, 환자들이 사소한 힌트라도 얻고자 정신과 의사가 쓴 책을 치료를 목적으로 읽을 가능성도 있기 때문이다. 심지어 경우에 따라서는 이 책을 통해 일정 부분 도움을 받을지도 모른다.

하지만 부작용도 무시할 수 없다. 이 책을 어떻게 읽느냐에 따라 환자들이 상처를 받을 수도 있기 때문이다. 게다가 일대일로 진료를 하는 상황이 아니므로 그들이 받는 상처에 대해서 내가 책임을 지기도 어렵다. 소설이나 영화를 보고 상처받은 이들을 소설가나 영화감독이 책임질 수 없는 상황과 비슷하다. 그렇다면 이렇게 일반서를 쓰는 내가 시적인 문장을 SNS에 남기는 정신과 의사들을 업신여기고 싶다는 건 그야말로 앞뒤가 맞지 않는 이야기다. 게다가 애초에 나는 시를 쓰는 사람이니, 지금 대체 무슨 말을 하고 있는 건지 나 자신도 아연할 지경이다.

이러한 콘텐츠들을 용인하기 어려운 이유를 하나 더 들자면 어쩐지 성실하지 못하다는 인상을 받기 때문이다. 성실한 내과 의사가 "끓인 물을 마시면 암에 걸리지 않는다"와 같은 내용이 담긴 건강서를 적대시하는 것과 비슷하다. 이렇게 하면 저렇게 된다는 둥, 무슨 병에 걸린 사람은 절대 이러면 안 된다는 둥 그들은 결코 모두에게 일반화할 수 없는 이야기를 그럴싸하게 늘어놓는다. 심한 경우에는 거의 엉터리 같은 내용을 정신의학계의 공공연한 사실인 양 언급하기도 하는데 이럴 때면 진심으로 욱한다. 또 내용 자체는 그리 이상하지 않더라도 아주 자극적인 제목만 골라 내세우는 걸 보면 분노가 치민다.

왜냐하면 환자들이 SNS에서 떠도는 단순하고 확성적인 말만 믿고, 복잡하고 끈기 있게 임해야만 하는 대면 진료를 포기하는 경우가 있기 때문이다. 나로서는 이것이 참을 수 없을 만큼 안타깝고 분하다. 마치 음모론을 믿는 사람들처럼 어떤 환자는 지금까지 자신을 괴롭혀왔던 모든 고통에서 단숨에 벗어날 수 있다는 SNS 속 정보를 듣고는, 이제껏 자신이 마주해왔던 현실이 이토록 복잡하고 힘들었던 건 바로 이 단 하나의 방법을 몰랐기 때문이라고 믿기도 한다.

이렇게 되면 내가 아무리 열심히 설명해도 권위 있는 SNS 속 선생님은 모든 걸 알고 있고, 어쩌다 우연히 찾아오게 된 이 병원에서 만난 평범한 정신과 의사인 나는 잘 모른다는 논리가 완성된다. 그러고는 그날로 나와 멀어져 버린다. 그런 콘텐츠는 어느 시대에나 있기 마련이고 그런 사람들도 어디든 있는 법이므로 그러려니 해야 하지만 끓어오르는 질투심을 가라앉히기가 쉽지 않다.

나는 모든 환자가 나에게 진료를 받는 게 딱히 낫다고 생각하지는 않는다. 어떤 의사를 찾아갈지, 무엇을 믿을지는 어디까지나 환자가 자유롭게 선택하는 게 맞다. 하지만 아무래도 내가 아닌, 정체 모를 다른 의사를 선택했다고 하면 패배감이 밀려온다. 나 자신이 부정당한 기분이다.

하지만 정체 모를 다른 의사라는 건 완전히 내 입장에서 본 관점이다. 내가 최선을 다해 책을 쓰듯 그들도 최선을 다해 환자들을 위한 콘텐츠를 만들고 있을 것이다. 한 걸음 더 물러나서 생각해 보면 임상 실험을 하고 논문을 쓰는 데 주력하는 사람들 입장에서는 이렇게 한가롭게 에세이집이나 써서 내는 나도 SNS 속 그들과 다를 바 없어 보일 것이다. 나 역시 정체 모를 존재이고 내 책이 다른 선생님의 진료에 악영향을 미쳐서 부정적으로 판단하고 있을지도 모를 일이다.

게다가 내가 업신여기고픈 책들을 유심히 보면 10만 부를 돌파했다고 쓰여 있어서 경악할 때도 있다. 아무리 이 책이 잘 팔린다 해도 10만 부를 돌파하는 일은 없을 텐데 말이다. 만일 아리아나 그란데가 이 책에 관심을 가지고 미디어에서 극찬하는 기적이 일어난다고 해도 기껏해야 1만 부를 넘길까 말까다. 당연히 이는 인문학서로써 학술적인 배경을 바탕으로 한 내용을 담은 책이므로, 그런 책들과 단순히 비교할 수 없다는 건 알고 있다. 하지만 그렇다고 또 이 책이 '긍정적으로 생각하는 법'을 담은 책보다 학술적으로 뛰어나다고 볼만한 근거도 어디에도 없다.

일반적으로 팔리지 않을 책을 쓴다는 건 독자들을 염두에 두지 않고 자기만족을 위해 쓰는 것이라는 말이 나올 만도 하다. 그리고 이에 대해 이렇다 할 반론도 가지고 있지 않다. 이건 인정할 수밖에 없는 사실이다. 아무리 내가 그런 책들의 학술적 가치는 낮다고 말해봤자, 일반서로써 잘 팔리고 있다면 충분히 사람들의 관심을 끄는 데 성공했으니 자신의 역할을 다한 셈이다.

그렇다면 이 책도 '유리 멘탈이 3일 만에 강철 멘탈이 되는 법'이라는 제목으로 해야 했나. 어쩌면 그런 결심이 어느 정도는 필요할지도 모르겠다. 왜냐하면 상업 출판이라는 틀 안에서 이 책을 쓰고 있고, 무엇을 우선으로 다룰지의 문제야 있겠지만 기본적으로 이윤을 추구해야 한다는 커다란 목적 앞에서는 벗어날 수 없기 때문이다. 이익 창출을 도외

시하겠다면 차라리 논문을 쓰는 편이 훨씬 학술적인 순도는 높아진다.

결국 환자들을 위한 일반서를 쓰는 정신과 의사들을 업신여기고 싶어지는 건 그렇게라도 하지 않으면 나의 위치를 보전할 수 없을 것 같아서다. 참고문헌도 적고 학술적인 배경도 명시되어 있지 않은 이 책의 어디에서 학문적 깊이를 찾을 수 있느냐고 묻는다면 나 역시 "아, 그것도 뭐 그렇네요"라고밖에는 할 말이 없다. 또 "누구에게 팔려고 이 책을 쓰는 거죠? 많은 사람이 읽을 만한 내용은 아니지 않나요?"라고 한다면 "그럴지도 모르겠네요" 할 수밖에 없다.

이토록 대단한 내가 쓴 책이니까 이 책 역시 대단하다고, 어서 내 책의 가치를 인정하시지? 그런데 넌 대체 누구야? 너 뭐 돼? 너는 그냥 의사 면허를 가지고 10년 정도 일한 34세 아저씨 아니야? 그렇게 내가 진짜 나를 직면하고 있노라니 주변이 칠흑

같이 어두워진다. 아무것도 보이지 않을 만큼. 이제 이 시시한 글 따위 그만 써야겠다. 병원에 가서 일하고, 집에 와서 공부하거나 논문을 쓰는 일상을 보내야지. 나는 모든 글쓰기를 중단하고 병원과 집을 그저 왔다갔다했다.

그렇게 결심하고 몇 개월이 흘렀다. 그러자 다시 한번 내 안에서 시시껄렁한 글을 써서 세상에 내보이고 싶은 욕구가 생기기 시작했다. 그렇구나. 이건 욕구구나. 나는 누군가를 위해서 글을 쓰는 게 아니라 단순히 내 욕구에 따라 글을 쓰고 있었다. 그 욕구란 이를테면 내 안에 있는 흐릿해진 무언가를 정리하고 싶은 욕구다. 그렇다면 옛날로 치면 광고지 뒷면에, 오늘날로 치면 스마트폰에 내장된 메모 앱에 써두면 될 텐데, 나는 운이 좋게도 이를 출판해서 세상에 낼 수 있는 상황에 있다. 게다가 90%는 겉치레일지도 모르지만 출판사 사람들도 재미있다고 말해준다. 책으로 팔만한 가치가 있을지 없을지를 정하는 건 그들이다. 그렇다면 나는 그저 아무 생각 없이 욕구에 충실하여 글을 쓰면 된다. 그렇다! 그냥 쓰면 되는 것이다! 그냥 쓰면 되는 것이다!(점점 큰 목소리로) 그냥 쓰면 되는 것이다! 그냥 쓰면 되는 것이다!!!(모두 함께 정면을 보고 외친다)

 이런 무대 연극 풍의 글을 쓴다 해도 이건 에세이집이니 화내는 사람은 어디에도 없다. 논문에서 이런 식으로 썼다가는 평가자가 "P7, L11-13 '그냥 쓰면 되는 것이다!(점점 큰 목소리로) 그냥 쓰면 되는 것이다!!!(모두 함께 정면을 보고 외친다)'라는 부분은 학술 논문 형식에 부적합하오니 수정 바랍니다. 그 외에도 비슷한 문제가 많으므로 확인 바랍니다" 하고 쓸 것이다. 하지만 본서는 에세이집이다. 계속 같은 느낌으로 12만 자가 이어지면 지루하니까 '악센트로써 괜찮네요' 하고 칭찬받을지도 모를 일이다. 애초에 에세이집이라는 건 일상에서 느낀 생각을 자유롭게 쓰는 문학 형식의 글 아니었던가. 그렇다면 애초에 이러한 고민을 반복하며 어둠 속에 빠져서 허우적댈 필요도 없었던 것 아닐까.

여행 부적응

강연 일정이 있어서 오사카 호텔에서 글을 쓰는 중이다. 그러고 보니 30대 중반이 되어서야 처음으로 오사카에 와 봤다. 학회는 주로 고베나 교토에서 열리고, 그 외에는 생활 반경을 벗어나는 일이 좀처럼 없기 때문이다.

이렇게 말하면 "정말요? 유니버설 스튜디오에 가 본 적이 없어요?"라는 반응이 올 때가 많은데, 음…… 없다. 도쿄의 디즈니랜드조차 겨우 가봤다. "그럼 여행은요? 오사카는 여행지로 자주 가는 곳인데 여행도 안 가 본 거예요?" 하는 질문을 듣기도 하는데, 음…… 안 가봤다.

난생처음으로 오사카에 왔으니 이번 기회에 유니버설 스튜디오까지는 아니더라도 다코야키나 꼬치 튀김도 먹고, 도톤보리나 한신고시엔 야구장도 가고 만담 공연이라도 보면 좋겠지만 그러지 않았다. "아니, 일이 그렇게 바쁘신 거예요? 아, 너무 아까워요!"라는 말을 들을 만도 하다.

그런데 좀 전부터 자꾸 가상의 여자 후배 같은 인물이 질문을 마구 던지고 있는데, 평소 주위에 그런 여자 후배는 없는지라 이런 식의 말투를 들을 일은 없다. 실제로는 내가 "오사카에는 가본 적이 없어요" 하면 같이 일하는 아저씨들이 마지못해 호응해주면서 "아, 그러세요" 하는 게 끝이다.

나는 자발적인 의지로 여행을 가본 적이 없다. 코로나가 유행하기 전 해외에 일주일 정도 머물렀던 적이 있었는데 그것도 학회 일정 때문이었다. 게다가 호텔방에서 커피를 마시며 침대에 드러누워 있거나 만화책을 보면서 시간을 보내곤 했다.

"아니, 너무 아깝잖아요! 여기저기 다니면 좋을 텐데……."

또다시 가공의 여자 후배의 안타까운 목소리가 들려오지만, 나로서는 어딘가 맛있는 식당에서 저녁을 먹거나, 케이크가 유명한 카페에서 차나 한잔 하면 충분히 해외를 맛본 느낌이다. 굳이 유명한 사원이나 미술관에는 가지 않는다.

"아니지, 아니지. 여행이라는 건 자고로 그 나라와 땅의 역사를 접하는 것이 제일 중요하다고."

이번에는 난데없이 웬 아저씨의 설교가 시작되지만 그런 의미라면 평소에 지리나 역사에는 꽤 관심을 두고 있다. 과거에 그 나라에서 있었던 대지진이나 화재, 사건, 전쟁 등에는 흥미가 있어서 자주 찾아보곤 한다. 물론 어디까지나 인터넷을 통해서지만 말이다.

얼마 전에 오키나와에 갔을 때는 문득 대만과 가깝다는 생각이 들어서 검색해 보는 와중에 소유구·

대유구[43]라는 역사적 용어도 알게 되었다. 아울러 대만의 역사와 용과나 망고가 잘 자라는 지역, 야에야마 지진[44] 등에 대해서도 하루 종일 위키피디아에서 찾아보았다. 그런 연유로 호텔 밖으로는 한 발짝도 나가지 않았다.

하지만 이 땅(혹은 가까이)에서 일어났던 일들을 찾아보는 것만으로도 여행을 만끽하는 느낌이랄까, 먼 곳으로 떠나 온 감상에 충분히 젖어 있을 수 있다. 오히려 사원이나 미술관을 도는 것이 무한의 계단을 오르는 느낌이다. 인파에 섞여 우왕좌왕 다녀야 하고, 막힘없이 술술 나오는 일본어 음성 가이드 등을 듣는 척해야 하니, 그곳의 역사나 땅을 제대로 접하지 못하는 기분이다. 그렇다면 제대로 접한다는 건 뭘까. 생각해 보면 나는 주로 역사적 사건들에 관심이 간다. 사원이나 미술관이 이 땅에 뿌리내

---

[43] 과거 오키나와는 대유구, 대만과 그 근처 동쪽 섬들은 소유구라고 불렸다는 설이 있다.
[44] 1771년 야에야마 제도 근해에서 발생한 지진. 해일 등으로 1만 명 이상이 사망했다.

윤리적인 사이코패스

려진 일상이라면, 역사적 사건들은 말하자면 '비일상'이다. 나에게는 비일상이 그곳의 역사나 땅에 제대로 접한 느낌을 주는 것 같다. 역사적인 사건들이야말로 가상의 이미지를 환기하기 때문이다. 분명 몇 쪽 전에는 가상의 자극에 반응하는 일에 대해 부정적으로 썼는데 참으로 모순스럽기 그지없다.

그래서 현지인들과 섞여서 그 지역 사람들만 아는 곳에 가거나, 모르는 이들과 한방에 묵으면서 배낭을 메고 떠돌아다니는 일은 나와 맞지 않는다. 모르는 사람과 일본어로 이야기하는 것도 어려운데 하물며 외국인은 두말할 필요도 없다. 어느 나라에 가든 가능하면 잘 정돈된 호텔 같은 데서 묵고 싶다. 조금만 불편하면 배에 탈이 나는 체질도 여행을 기피하는 이유 중 하나다. 언제였던가. 오스트리아 빈에 갔었는데 편의점이 없다는 사실만으로도 긴장이 돼서 배탈이 난 적이 있다.

말하자면 나는 놀라울 만큼 연약하고 자극에 예민하다. 외국은커녕 오사카나 오키나와 정도만 가도 원래 생활환경과 크게 달라지는 바람에 여러모로 고달파진다. 그래서 결국에는 오키나와에 가도 호텔방 안에 틀어박혀서 <사채꾼 우시지마>[45]나 보는 것이다. 이렇게나 가상현실을 우선시한다면 미래에 가상 여행 혹은 체험이 가능해졌을 때 가장 큰 혜택을 누리는 이가 될지도 모르겠다. 물론 가상으로라도 사원에는 가지 않을 것 같다.

이렇다 보니 나는 본성대로라면 적응 장애 등을 앓을 만도 한데, 다행히 업무에서는 아직 큰 문제없이 살고 있다. 에너지가 넘치는 경우는 별로 없지만 그렇지 않더라도 일은 평범하게 매일 하고 있다. 물론 직업상 어떤 곳에서 일하느냐가 중요하지만 기본적으로는 비슷한 환경에서 비슷한 일을 하므로 그럭저럭 괜찮다. 그보다는 누구와 하느냐 하는

---

[45] 2016년에 방영한 일본 MBS 드라마. 불법적인 금리로 돈을 빌려주는 사채꾼과 채무자들에 관한 이야기다.

부분이 환경을 구성하는 하나의 요소로써 나에게는 더 크게 다가온다. 그런데 말하고 보니 의료업뿐 아니라 모든 일이 다 그렇지 않을까 싶다. '적응 장애'라는 병명이 적힌 진단서를 발행하는 환자들을 보면 대부분 인간관계 때문에 상태가 나빠진다. 그리고 많은 경우 상사의 괴롭힘을 가장 견디기 힘들어한다.

내 경우에는 운이 좋게도 이상한 인격을 가진 상사가 없기도 했지만, 애초에 복잡한 인간관계를 유연하게 헤쳐 나가는 능력이 탁월한 편이다. 늘 화가 나 있는 사람과도 문제없이 지내는 것이 옛날부터 특기였다. 그건 아마도 내 의견이라는 게 특별히 없고, 내 의견이 무시되는 것보다 그 자리의 분위기가 험악해지는 쪽을 더 싫어하기 때문인 것 같다. 그래서 목소리를 높이거나 걸핏하면 화를 내는 사람과도 잘 지낼 수 있다.

따라서 나 같은 경우는 도심에 있는 인간관계가 얽히고설킨 병원에서 일하기보다는, 인간관계도 근로 조건도 좋은 해외의 병원에서 일하는 것이 오히려 부적응 상태에 빠지기 쉬울 것이다. 이동 얘기가 나와서, 만약 오사카에 있는 병원으로 갈 일이 생기면 어떡하냐는 생각을 해봤다. 아무래도 나는 의사는 그만둘지라도 지역만큼은 이동하고 싶지 않다.

나의 경험으로부터 생각한 것인데, 적응 장애에서 중요한 점은 내가 어느 요소에 극단적으로 약한지를 특정하는 것이다. 인간관계는 괜찮지만 보람 없는 일만 하는 부서에 있으면 자신이 한심하게 느껴져 몸 상태가 나빠지는 사람도 있고, 사무실에 한 명이라도 예민한 사람이 있으면 나에게 짜증이 난 건 아닌지 너무도 신경 쓰여서 괴로워지는 사람도 있다. 이렇듯 각 요소와 인간의 패턴을 파악하고 분류하는 것이 제일 중요하다. 지금 내가 어떤 부분에 약한지 파악해 두면 이를 피함으로써 적응 장애에 빠지지 않고 살아갈 수 있다. 이렇게 다들 자신을 잘 살피면 좋겠지만 현실에서는 그게 쉽지가 않다.

이유를 알면서도 불구덩이에 뛰어드는 게 인간이다. 이건 나도 그렇긴 한데, '막상 부딪혀보면 즐거울지도 몰라' 하면서 스트레스받는 상황에 자신을 던져두기도 하는 것이다. 이는 '그런 상황 속에서 몰랐던 새로운 재능을 각성할 수도 있지 않을까' 하는 기대감이 숨어있기 때문이다. 그래서 지금 시점에서 가장 우선하는 가치는 '무리하지 않기'다. 뭐, 워낙 생각이 자주 바뀌는 편이라 5년 후에는 전혀 다른 가치관을 내세울지도 모르겠다.

적응 장애란 내가 인생에서 가장 피하고 싶은 부분을 알 수 있는 기회일지도 모른다. 전장에 핀 꽃, 불행 중 다행, 비 온 뒤 땅이 굳는다는 식의 사고방식이다. 그런 일이 벌어지면 또 벌어지는 대로 이게 바로 내 운명인가 보다 하면서 되도록 몸과 마음이 무너지지 않으면 좋겠다.

돌아가는 신칸센 출발 시간이 조금 여유로운 관계로 신오사카 역 스타벅스에서 작업을 마무리할 계획이었다. 그런데 카페에 들어서자마자 직원이 완벽한 오사카 사투리로 인사를 건네니 여기가 이국인가 싶어서 머리가 하얘졌다. 서둘러서 승차 시간을 앞당겨 다시 표를 끊고 헐레벌떡 신칸센에 올랐다. 역시 집이 최고다.

서프라이즈

나는 서프라이즈에 약하다. 이를테면 이런 이벤트 말이다. 한 커플이 카페 테라스에서 음료를 마시고 있는데 갑자기 바로 앞 거리에서 광대 복장을 한 사람이 춤을 추기 시작한다. 뭐지? 거리의 예술가 뭐 그런 건가? 하고 쳐다보는데 이번에는 근처에 있던 양복 차림의 남성도 갑자기 춤에 합류한다. 동작을 보니 틀림없이 본업이 댄서인 게 틀림없을 만큼 멋스러운 춤선이다.

여자는 '근처에서 이런 행사가 열리고 있는 모양이네'라고 생각한다. 그 순간 이번에는 파를 안고

가던 주부(본업: 댄서)와 지팡이를 짚고 힘겹게 걸어가던 할아버지(본업: 댄서)가 차례차례 춤에 합류하더니, 심지어 책가방을 메고 지나가던 초등학생마저 멋진 춤을 선보인다. 초등학생의 본업은 초등학생일 텐데, 아마도 전문 키즈 댄서 같은 아이인가 보다.

뭔가 상황이 이상함을 짐작했을 즈음 옆 테이블에 앉아 있던 커플의 남성이 벌떡 일어나더니 모두와 함께 춤을 추기 시작한다. 아아, 그러니까 이건 그의 여자 친구를 위한 서프라이즈구나 싶었는데, 잠시 후 그 여자 친구마저 일어나서 춤을 춘다. 응? 그럼 서프라이즈가 아닌데? 게다가 남녀 모두 본업이 댄서라고밖에는 설명할 길이 없을 만큼 춤을 잘 추는 게 아닌가.

그 순간 앞에 앉아 있던 자신의 남자 친구가 돌연 자리에서 일어서더니 군무에 합류한다. 그런데 그의 춤만큼은 뭔가 어색하다. 음악이 절정에 다다르자 일반 시민으로 분장했던 댄서들이 꽃길을 만들고 음악 소리가 조금 작아지는가 싶더니 꽃길 끝에 서 있는 그가 입을 연다.

"오늘은 너에게 하고 싶은 말이 있어. 내가 평생 행복하게 해줄 테니까 나와 결혼해 줄래?"

갑작스러운 남자 친구의 프러포즈에 여자는 "잠깐만, 아니 잠깐만……" 하면서 입가를 양손으로 가리고 "아니, 아니, 거짓말. 말도 안 돼!" 하고 감동에 휩싸여서는 눈물을 흘린다. 그리고 마침내 "응" 하고 대답하자 주위에서 댄서들이 "와!" 하면서 환호를 지르며 두 사람을 축복해 준다.

이와 같은 일련의 과정을 '플래시 몹'이라고 하는데 특히 이런 이벤트야말로 죽었다 깨나도 못 하겠다. "플래시 몹을 하지 않으면 넌 해고야!"라고 해도 차라리 회사를 그만두는 쪽을 택하겠다.

왜 그렇게 싫어하냐면 너무 부끄럽기 때문이다. 댄서들 사이에서 함께 추는 군무는 부끄럽지는 않다. 만일 JR 가마토리역 앞 로터리를 걷고 있는

3장

데 우연히 BTS가 나타나 함께 춤을 추는 동영상을 SNS에 올려야 하니 챌린지에 참여해 달라고 부탁한다면 1초도 고민하지 않고 OK 할 것이다. 왜냐하면 BTS와 함께 춤을 추는 것만으로도 뭔가 대단한 사람처럼 보이지 않을까 싶어서다.

그렇다면 무엇이 그리도 싫으냐면, 잘 짜인 각본을 그대로 재연하는 게 너무나도 부끄럽다. 또 나처럼 성격 좋고 순수한 사람이 "어머, 저 남자 친구 너무 멋있다!" 하면서 나의 뚝딱거리는 군무를 좋게 봐주는 것도 창피하다.

하지만 무엇보다 가장 힘든 건, 여러 사람 앞에서 사적인 관계를 대대적으로 공개하는 것이다. 통상 사적인 관계는 사적인 장소에서만 드러나야 한다고 생각한다. 그래서 평소에는 "여봉~", "겸댕이~" 하고 서로를 부르던 부부도 다른 사람들 앞에서는 '우리 남편' 혹은 '아내'라고 사회적인 호칭을 쓰지 않는가. 아내를 '겸댕이'라고 해도 다른 사람은 누구를 말하는지 알아듣지도 못할뿐더러, 그런 애칭으로 아내를 부른다는 사실이 알려지면 스스로도 부끄러워서 견딜 수 없을 것이다. 이처럼 플래시몹은 공개 범위라는 측면에서 뭔가 뒤틀린 느낌이라 도저히 감당하기 어려울 것 같다.

이렇게 손발이 오글거리는 장면은 커플 유튜브 채널 등을 통해서도 볼 수 있다. 그래도 그건 어딘지 모르게 연애 리얼리티 프로그램 같기도 하고 약간의 연출이 가미됐다는 것을 알 수 있어서 그나마 볼 수 있는 수준이긴 하다. 이러면 내가 커플 유튜브 채널을 일상적으로 즐겨 보는 것 같은데 그렇지는 않다.

아주 간단한 서프라이즈도 있다. 생일을 맞은 친구와 함께 식당에 갔을 때 디저트에 생일 축하 장식을 살짝 곁들이는 경우다. 플래시 몹이라면 몰라도 이 정도의 이벤트라면 해 본 사람이 꽤 많을지도 모르겠다. 하지만 나는 이 정도의 소소한 이벤트에도 저항감이 크다. 왜일까. 일단은 앞에서 말했던 공개 범위라는 측면에 있다. 집안에서 우리끼리 축하하는 게 보통인 생일을 마치 주위 사람들도 함께 축하해달라는 듯한 흐름이 되는 게 불편하다. 3살 땐가 5살 땐가, 생일날 가족과 시모키타자와에 있는 레스토랑에 간 적이 있다. 그때 부모님이 접시에 생일 축하 장식을 부탁해 둔 모양이었는데 식당 측의 연출이 너무 과했다. 전체 조명을 다 끄고 정장을 차려입은 직원 몇 명이 생일 축하 노래를 오페라 느낌으로 불러주면서 케이크를 가져다주는 것이다. 나는 졸지에 레스토랑 손님 모두가 지켜보는 가운데 촛불을 후 불어서 꺼야만 하는 신세가 되었다.

아이가 생일 케이크의 촛불을 분다는 건 마치 귀여운 반려동물이 신나서 뱅글뱅글 도는 듯한 느낌이어서 그런지, 다들 귀한 장면을 놓칠세라 미소를 가득 머금은 채 나를 주목하고 있었다. 그 순간이 어찌나 부끄럽던지 나에게는 인생 처음으로 맛본 쓰디쓴 체험이었다. 그리고 대체 어떻게 된 일인지 모르겠는데 내가 촛불을 분 케이크는 주변 손님들에게 나눠졌고 나에게는 전혀 다른 디저트가 건네

졌던 걸로 기억한다. 그건 대체 뭐였을까.

하나 더 말하자면 서프라이즈가 상대방에게 상처를 주지는 않을지 걱정이 된다. 아니, 왜? 이벤트를 해주면 다들 기뻐하지 않나? 눈을 동그랗게 뜨고 질문하는 순수한 영혼을 가진 사람도 있을지 모르지만, 세상에는 서프라이즈를 싫어하는 사람도 있다. 간혹가다 디즈니랜드 신데렐라 성 앞에서 서프라이즈로 프러포즈했다가 상대가 기겁하며 도망가는 모습을 볼 수 있는데, 이를 보면 분명히 세상에는 이벤트를 진심으로 싫어하는 사람도 있다는 것을 알 수 있다.

서프라이즈를 극도로 싫어하는 나의 감정을 파고들다 보면 애초에 깊게 추궁해 볼 필요도 없는 사소한 이야기라는 생각이 든다. 하지만 그러한 생각조차 넘어서서 더욱 깊게 파고들다 보면 끝내는 상처받고 싶어 하지 않는 나의 나약함이 정체를 드러낸다.

이는 공개 범위라는 측면에서 오는 수치심과 연

관되어 있다고 본다. 만일 서프라이즈 이벤트를 했는데 상대방이 미묘한 표정으로 난색을 보인다면, 좋아하지도 않는 이벤트를 하는 바람에 상대방에게 상처를 입히는 최악의 상황이 될 수 있다. 이런 상황을 떠올리면 도저히 서프라이즈를 할 수가 없다. 또 평소라면 서프라이즈를 분명 좋아했을 사람인데 전혀 기뻐하지 않는다면 도리어 내가 상처받을까 봐 두려운 부분도 크다. 마음을 담아 준비한 서프라이즈가 엉망이 되는 모습은 상상만 해도 가슴이 저릿하다.

아울러 서프라이즈가 들켜서 분위기가 이상해지는 경우도 있을 수 있다. 생일 파티 이벤트로 유명한 가게에 갔다면 저 사람도 생일, 이 사람도 생일이어서 일찍 식사를 시작한 사람들 자리에서 차례차례 생일 이벤트가 열릴 것이다. 그러면 상대방은 속으로 '아, 틀림없이 우리도 곧 있으면 저거랑 똑같은 이벤트가 펼쳐지겠군' 하고 예측하게 된다. 정말이지 멋쩍은 상황이 아닐 수 없다. 음식 맛이 다 달아날 지경이다.

이렇게 내 안에 있는 의문점을 자꾸 파고들다 보니 처음부터 나는 이벤트를 못 하면 미숙한 인간이라는 가정을 하고 있는 듯 보인다. 다시 말해, 다른 사람을 기쁘게 하는 일을 아무런 망설임 없이 할 수 있는 사람이 선善 혹은 어른이라고 여기는 것이다. 아니, 언제까지 사춘기 소년처럼 몸을 배배 꼬면서 "있잖아, 그러니까 너 생일인 것 같아서" 하면서 살며시 선물을 건네는 짓이나 하고 있을 거냐고. 어른이라면 적어도 브루노 마스 곡에 맞춰 몸이라도 흔들 줄 알아야 한다는 생각이 드는 것이다.

아무래도 나는 아직 사춘기에서 벗어나지 못한 것 같다. 사춘기인 채로 오늘날까지 몸을 배배 꼬면서 사는 중이다. 대체 이 사춘기는 언제까지 이어질까. 30년 후 즈음에는 어른이 되어 있다면 좋겠다. 그때쯤에는 정년퇴직할 테니 회사의 같은 부서 직원들과 함께 플래시 몹을 할 수 있길 바란다. 그런데 나는 회사원도 아니지 않은가. 의사가 아닌 회사원을 가정하고 말하는 걸 보니 역시 아직도 나와 서프라이즈는 도저히 매칭이 잘 안되나 보다. 보나 마나 나는 30년 후에도 여전히 사춘기를 보내고 있을 것이 틀림없다.

침묵하는 다수

눈치가 너무 빨라서 혹은 눈치가 너무 없어서 힘들다는 이야기는 정신의학에서도 중점적으로 다루고 있는 주제다. 특히 요즘에는 눈치가 없는 것과 자폐 스펙트럼 장애를 결부시키기도 한다. 참고로 자폐 스펙트럼 장애에 그러한 측면이 없진 않지만, 눈치 없는 성향이 곧 자폐 스펙트럼 장애를 의미하진 않는다는 점은 언급해 두고 싶다.

내 기억으로는 내가 고등학교 1학년 때쯤 반에서 "눈치코치 좀 챙겨!" 하는 말이 유행했다. 그래서 매번 분위기 파악을 못 하는 애를 '눈치'라는 별명으로 부르기도 했다. 그 이전에는 눈치가 있느냐 없느냐 하는 관점 자체가 없었던 걸로 안다.

어렴풋한 기억이지만 눈치코치 좀 챙기라는 말이 반에서 처음 나왔을 때, 그런 말도 있나 하며 순간 의아해했다. 처음 듣는 말이었는데도 그 말이 무슨 뜻인지는 뉘앙스로 단번에 알아차릴 수 있었다. 재밌는 말이구나 싶었다. 이 모든 게 다 날조된 기억일지도 모르지만 아마도 TV보다 먼저 학교에서 이 말이 유행했던 것 같다.

눈치코치 좀 챙기라는 말이 나오기 전에는 정확히는 잘 모르겠지만 말이 너무 길다든지, 듣다 보면 화딱지가 난다든지 하는 것처럼 상대방의 말이나 행동을 막연하게 설명하곤 했다. 하지만 애프터 "눈치코치 좀 챙겨!" 세계에서는 눈치가 없어서 말을 길게 한다거나, 다른 사람의 기분을 상하게 하는 거라고 곧바로 이해할 수 있게 되었다. '아, 이 사람 눈치가 부족하구나' 하면 화낼 일이 줄어들어서 인간

관계의 양상도 조금씩 달라져 갔다.

 사람에게 꼬리표를 달고 낙인을 찍어 버리는 행위는 차별이라고 생각하기 쉽지만, 이는 인간을 개인이 아닌 특정 속성으로 파악하는 방법 중 하나이기도 하다. 시야가 넓어지고 전체를 관망하기 쉽다는 장점도 있다.

 나는 굳이 나누자면 과하게 눈치가 빠른 편에 속한다고 생각했다. 하지만 요즘 들어서는 '그리 분위기 파악이 빠르지도 않네' 하는 생각이 든다. 이를테면 나는 사람들 사이에서 일어나는 갈등 상황에 매우 민감한데, 좀 더 구체적으로 말하자면 누군가가 나를 비난하는 듯한 분위기에 예민하다. 가뜩이나 그러한 성향을 가지고 있는데 여기에 눈치 좀 챙기라는 개념이 들어오자, 눈치 없는 사람은 다른 사람이 싫어한다는 걸 알게 되었다. 그래서 눈치가 빠르기보다는 눈치 없는 사람이 되지 않으려고 늘 노력한다고 표현하는 편이 더 진실에 가까워 보인다.

그런데 다른 사람이 나에 대해 부정적인 감정이 있는지 없는지는 의외로 눈치채기가 어렵다. 가령, 정신과 의사로서 환자와 대치할 때면 일정 부분 정해진 패턴이라는 게 있어서, 어느 정도는 환자가 나에 대해 부정적인 감정이 있는지 없는지 추측할 수 있고 쉽게 드러나기도 한다. 하지만 일반인으로서 생활할 때 이와 비슷한 상황이 벌어지면 분위기나 문맥을 읽는 것이 꽤 어렵다. 아무래도 정신과 의사라는 역할이 사라진 상태라서 그런지 누가 왜 나를 싫어하는지 잘 모르겠다.

그래서 SNS 등에 어떤 의견을 올리는 것은 물론이고, '아' 하고 한 글자도 적기가 두려워진다.

"아, 다음으로 이어지는 말에 대해선 생각하지 않아도 되는 건가요?"

"한 글자로 말씀하시면 무서워요. 상처받았어요!"

"의사 선생님이 그렇게 대충대충 말해도 되는 건가요?"

이런 비난하는 댓글이 달릴지도 몰라서다. 또 이

보다 더 많은 수의 침묵하고 있는 사람들이 '한 글자로 말하면 재미있다고 생각하나, 자의식 과잉이네', '솔직히 의사로서 좀 더 진지하게 고민해야 하는 거 아니야'라고 생각하지는 않을지 신경이 쓰여서 결국 한 글자도 적지 못하겠다.

SNS로 직접 나를 향해 쏘아대는 비난은 터무니없는 내용이기도 하고, 글을 쓰는 순간 이성을 상실했거나, 충동을 제어하지 못했을 수도 있으므로 그럭저럭 따뜻한 시선으로 봐줄 수 있다. 하지만 단 한마디도 하지 않는 대부분의 사람 즉, 침묵하는 다수가 저 멀리 보이지 않는 곳에서 나를 부정적으로 바라보고 있을지도 모른다는 생각은 진심으로 나를 두렵게 만든다.

'침묵하는 다수Silent Majority'라는 말은 원래 닉슨 대통령이 처음으로 쓴 표현인데, 지금은 케야키자카46[46] 의 데뷔곡으로 더 유명하다. 주위 사람들에게 휩쓸려 침묵하지 말고 이제는 나답게 살아가자는 메시지가 담긴 곡이다. 그런데 가사처럼 침묵하는 다수에서 벗어나려면 말하는 소수가 되어야 한다. 즉, 절대다수에 해당하는 사람들로부터 미움을 받아야 하는 처지가 되는 것이다. 다른 사람의 비난 따위 신경 쓰지 않으면 그만이라지만, 애초에 그렇게 남의 시선을 신경 쓰지 않는 사람이었다면 침묵하는 다수의 편에 선 적도 없었을 것이다. 그럼 비난받지 않을 만한 말을 하면 된다지만 그렇게 눈치 코치 챙기는 게 중요한 걸 아는 사람이라면 애초에 다수와 함께 있는 안전한 성에서 벗어나려 하지 않았을 것이다. 결국 침묵하는 다수에서 벗어나 말하는 소수가 되면 비난을 받아야 하는 운명에 처할 수밖에 없다.

이와 같은 이야기를 조금 다른 방향에서 쓴 것이

---

[46] 2015년부터 2020년까지 활동했던 일본 걸 그룹. 데뷔곡 제목이 '사일런트 머저리티'였다.

『위선자론』이라는 책이다. 그런데 신기하게도 『위선자론』을 쓰고 나니, 침묵하는 다수에게 비난받을지도 모른다는 두려움에서 벗어나게 되었다.

지금까지는 '내가 무슨 말을 하든 대부분의 사람은 관심도 없다'라고 아무리 생각하려고 해도 잘 되지 않았는데, 이제는 내 의견은 어디까지나 내 의견일 뿐이고 그렇게 이상한 말을 하는 것도 아니니까 다른 사람이 어떻게 생각할지는 그리 중요하지 않다고 여기게 된 것이다.

이전에는 다른 사람이 뭔가 비판적인 생각을 할지도 모른다는 느낌이 오면 그 사람의 생각이 전적으로 옳고, 내가 말도 안 되는 실수를 저질렀다는 기분에 휩싸였다. 많은 사람이 그렇지 않을까 싶지만, 일단 비난을 받으면 그 내용이 아무리 터무니없더라도 내가 일단 잘못했다고 생각했다. 그러지 않아도 되는데 변명해야만 한다는 생각에 빠지거나 자신감을 잃고 말았다.

한마디로 나 자신이 스스로의 생각을 믿지 못하는 상태였다. 확고한 생각이란 것이 없어지고, 내 생각 자체가 누군가의 생각을 빌려온 것이라는 기분이 들어서 자신감이 떨어지는 것이다. 그래서 주위에 목소리를 크게 내는 사람이나, 그럴싸하게 아는 척하면서 의미 없는 비판을 늘어놓는 사람이 있으면 그 사람이 훨씬 대단하다고 느끼곤 했다.

그런 의미에서 보면, 최근에서야 겨우 나의 생각을 믿을 수 있게 된 걸지도 모른다. 돌이켜보면 나는 그때그때 영향을 받는 인물에게 완전히 동화됐다. 그러고는 한참 지나고 나면 그 생각에 환멸을 느끼고 다시 또 다른 사람의 영향을 받아 생각이 180도 돌변하는 일이 툭하면 반복됐다. 그야말로 사춘기 소년에게 일어나는 감정 변화처럼 말이다. 중3 정도면 끝나야 했을 방황이 의사가 된 후로도 죽 이어진 것이다. 그러다 드디어 『위선자론』을 쓰고 나자 지금까지 따라왔던 여러 사람들의 생각을 적당한 비율로 배합한 수준 정도에서 나만의 생각이란 것이 고정되기에 이르렀다. 아마도 이것이야말로 진짜 '내 생각'인 것 같다.

물론 여전히 '내 생각'에 자신은 없다. 하지만 이전과는 다르게 다른 사람이 부정적인 말을 해도 얼굴이 새파랗게 질려서 화장실을 들락날락하지는 않는다. 그저 나의 생각과 비교해 보면서 그 부정적인 의견을 검토할 수 있다. 그뿐 아니라 대다수에 해당하는 침묵하는 사람들은 자기 일에 바빠서 굳이 나에게 주목하지 않는다는 점도 이제야 깨달았다.

그렇다고 해도 이 책에 대한 비방이 쏟아져서 매일 악성 댓글이 달리면 정신을 잃고 쓰러질지도 모른다. 하지만 애초에 비방이 쏟아지려면 어느 정도까지는 잘 팔려야 하므로 그 정도로 이 책이 팔리기만 한다면 그것도 뭐 그리 나쁘지 않겠다는 생각이 든다.

고좋아요 혈증

"아, 제목만 봐도 알겠네요. 오구 씨. 이건 요즘 젊은 사람들이 인정 욕구를 채우고픈 마음에 SNS에 있어 보이는 글과 사진만 올리는 문제에 대해서 말하려는 거죠?"

후배인 척하는 이가 불쑥 말을 꺼낸다. 하지만 그런 이야기가 아니다. 그리고 내 이름은 오구가 아니라 오규다.

아니, 어쩌면 일정 부분 겹칠지도 모르겠다. 나는 '좋아요'는 적당한 수의 사람들이 눌러주면 기분 좋지만, 너무 많은 수의 '좋아요'가 달리면 문제가 될 수 있다고 말하려던 참이다. 혈액 속에 '좋아요' 수치가 지나치게 높으면 '고좋아요혈증'[47] 상태에 빠질 수 있어서 오히려 독이 되기 때문이다.

나는 2008년부터 믹시를 하면서 매일 일기를 올렸다. 왜 매일 썼느냐면 실은 '고좋아요혈증' 상태에 빠졌기 때문이다. 당시 나는 19살로, 대학교 1학년이었다. 억압받던 중고등학교 시절이 끝나고 즐거운 캠퍼스 라이프가 막 펼쳐진 무렵이었다. 대학은 요코하마 시립대학이었지만 캠퍼스는 요코하마라고는 할 수 없을 만큼 도심부와는 거리가 먼 즈시와 요코스카 근처에 있었다. 덕분에 유흥 문화를 즐길 수 없었기에 가까이에서 즐거움을 찾아야만 했다. 그런 심리적 틈을 파고든 것이 소셜 네트워크 서비스 믹시였다.

일단 가상공간에서 지인과 만날 수 있다는 점이

---

[47] '고좋아요혈증'은 실제로 그러한 병명이 있는 것이 아니고, '좋아요'가 혈액 속으로 섞여 들어가서 전신에 퍼지는 상태를 가정해서 만들어 낸 말이다. (저자 주)

무엇보다 획기적으로 느껴져서 나를 흥분시켰다. 마이믹[48] 신청을 하고 수락을 받으면 대학교 의학부 친구는 물론이고 다른 학부의 친구들, 동아리 선배, 활동 지역이 달라진 고등학교 친구, 말해 본 적은 별로 없지만 은근히 신경이 쓰였던 그 아이 등등 모두와 연결될 수 있었다. 지금은 당연한 이야기지만 당시에는 이게 가슴이 두근거릴 만큼 짜릿한 일이었다.

게다가 나를 더 자극했던 건 일기를 쓰면 마이믹들이 저마다 댓글을 달아준다는 점이었다. 또 발자국이라고 해서 누가 내 일기를 봤는지도 알 수 있었다. 다시 말해, 댓글과 발자국이라는 형태로 나의 창작물에 즉시 평가가 이루어졌다.

"가미유, 글 엄청 잘 쓴다!"
"너무 재밌어!!"

---

48 싸이월드의 일촌과 비슷한 개념.

"문예지에 한 번 보내봐!"

'은근히 신경 쓰였던 그 아이' 혹은 '나보다 잘난 그놈'으로부터 이런 댓글이 달리면 원래 갖고 있던 의욕의 1억 배 이상의 의욕이 뿜어져 나왔다. 나는 천재야, 천재! 1조 년에 한 번 나올까 말까 한 인재라고! 천재, 천재, 천재, 천재, 천재, 천재, 천재, 천재, 천재, 천재, 천재, 천재, 천재, 천재, 천재라는 마음의 소리가 하루 종일 메아리쳐댔다. 심지어 때로는 혼잣말로 "나는 천재야"라고 중얼거릴 정도였다. 그리고 의욕이 평소의 1억 배 정도다 보니 "더욱 재미있는 글을 써서 올려야지" 하며 하루가 멀다 하고 쓰고 또 썼다. 그러면 또 '은근히 신경 쓰였던 그 아이' 혹은 '나보다 잘난 그놈'으로부터 극찬의 댓글이 날아와서, 다시 1억 배의 힘, 즉 1억의 2승 정도의 의욕이 불타올랐다. 뇌 속에서는 브라질 리우데자네이루 거리의 광경이 펼쳐지고 나는 천재, 천재, 천재, 천재, 천재, 천재, 천재, 천재, 천재, 천재, 천재, 천재, 천재, 천재, 천재라고 외치며 아침부터 밤까지 삼바 춤을 추었다.

　지금 생각해 보면 이건 전형적인 '고좋아요혈증' 상태였다. 병세가 매우 심각해서 위험한 상황이었는데도 소용돌이 한가운데 있던 나는 흥분에 휩싸인 무아지경 상태였던지라 뭐가 뭔지 알지 못했다. 친구의 어머니가 일기를 보고 내 팬이 되었다는 댓글을 받거나, 일기가 재미있다는 이유로 친구의 친구로부터 마이믹 신청을 받기도 했다. 많은 사람이 나에게 '일기를 읽는 동안 당신이 좋아졌어요. 저랑 사귀어 주세요!'라고 말하고 싶어 죽겠는 표정으로 거리를 걸어 다니는 것 같았다. 그런 날들이 끔찍하게도 약 2년 동안 지속되었다.

　하지만 시간이 지나면서 그곳에서 얻는 부와 명예(?)도 결국 우물 안의 것들이라는 생각이 들었다. 그러면서 점점 만족도가 떨어지기 시작했다. 좀 더 거대한 부와 명예(?)를 누리고 싶었다. 왜냐하면 나는 천재니까! 천재니까! 천재니까! 천재니까! 천재

니까! 천재니까! 천재니까! 천재니까! 천재니까! 천재니까! 천재니까! 천재니까! 라고 외치며 그동안 썼던 시를 모아 『유레카』나 『현대시수첩』 등의 전문 문학잡지에 보내기 시작했다.

이로써 냉혹한 현실의 벽을 깨달았다면 좋았을 텐데, 운 좋게도 보낸 시가 잡지에 게재되는 바람에 뇌 속에서는 다시 한번 리우데자네이루 거리의 광경이 펼쳐지고 나는 천재, 천재, 천재, 천재, 천재, 천재, 천재, 천재, 천재, 천재, 천재, 천재, 천재, 천재, 천재라고 외치는 삼바 축제가 또 열렸다. 하지만 다행히 이는 그리 오래 가지 않았다. 계속해서 잡지에 시를 투고하는 와중에 누가 봐도 나보다 훨씬 훌륭한 시를 쓰는 사람이 등장해 상을 타가고, 몇 개월 동안 어느 한 군데에도 내 작품이 실리지 않으며, 가작으로라도 한 번도 수상하지 못하는 날들이 이어졌다. 곧 삼바 축제는 폐막 조짐을 보였고, 이후 아주 가끔 기적적으로 잡지에 내 글이 실리면

고작해야 몇 명의 백댄서와 미우라 다이치[49]가 세련된 춤을 추는 정도로 바뀌었다. 그리고 지금까지 그 상태가 이어지고 있다.

고좋아요혈증의 무서운 점은 원래 갖고 있던 의욕의 1억 배 이상의 의욕이 갑자기 뿜어져 나온다는 것이다. 이는 자신의 창작물이 평가받는 자극에 처음 노출되었을 때 일어나기 쉬운 증상이다. 특히 긍정적인 평가가 몇 번이고 연속되는 경우 발생한다. 혈액 속에 '좋아요'가 돌아다니면서 '좋아요 폭풍'을 일으키고 뇌를 비롯한 여러 장기를 침범하여 해당 행위에 대한 정신적 의존도를 급속도로 올려버린다.

고좋아요혈증은 일이 잘 풀릴 때 걸리기 쉬워서 오히려 더 무섭다. 그런데 왜 무섭다는 걸까. "1억 배 이상의 의욕이 뿜어져 나와서 훨씬 재밌는 일기를

---

[49] 1997년부터 활동한 일본 남성 솔로 댄스 가수.

쓸 수 있다면 좋은 거 아닌가?" 하고 묻는 사람도 있을지 모르겠다. 무엇이 무섭냐면 믹시에 일기를 쓰는 일과 같이 아무런 의미 없고 소득 없는 일에 1억 배 이상의 의욕을 다 써버리고, 2년이나 거기에만 온종일 매달려 있는 사태가 벌어진다는 점이다. 내 경우에는 다행히도 도중에 현대시 투고란이라는 고좋아요혈증에 걸리기 매우 어려운 공간으로 무대를 이동한 덕분에 자연스럽게 치유될 수 있었지만 세상에는 만성 고좋아요혈증 상태에 빠지는 사람도 있다. 자신이 본래 해야 하는 일, 이뤄내야 할 일이 있음에도 불구하고 그 존재나 감정을 연 단위로 잊어버리고는 X나 인스타그램에만 빠져서 1억 배 이상의 의욕을 불태우는 것이다.

물론 그 자체가 인생의 유일한 목적이거나, SNS를 통해서 이뤄내야 할 다른 목적이 있다면 상관없다. 하지만 사실 원래 하고 싶은 일이 따로 있다면 문제가 심각해진다.

이렇게 창작 활동을 하다 보면 어느 순간 또다시

고좋아요혈증에 걸리고, 틱톡에서 화제에 오르기 위해 3년 이상을 허비하다가 나도 모르는 사이에 중년이 되어버릴지도 모른다고 생각하면 아찔해진다. 그러니 아까운 시간을 써가며 하는 행위가 단순히 1억 배 이상의 의욕이 뿜어져 나와 마치 홀린 것처럼 하고 있는 일은 아닌지 수시로 확인해야 한다.

    나는 다른 사람들에 비해서 고좋아요혈증에 걸리기 쉬운 사람이다. 다르게 표현하자면 칭찬받으면 한껏 흥이 나서 더 잘하려고 하는 타입이다. 그래서 고좋아요혈증에 대한 의존도를 낮추기 위해서 한 가지 방법을 고안해 두었다. 바로 기준치를 어마어마하게 높게 잡는 것이다. "'좋아요'가 많이 달려서 화제에 오를지도 몰라" 정도로 기대하면 실제로 그런 상황이 벌어졌을 때 우와! 대단한데! 대단한데! 대단한데! 대단한데! 대단한데! 밖에는 할 말이 없어지면서 고좋아요혈증 상태에 빠질 수 있다.

    그래서 나는 이 책이 10억 부 정도 팔리고 80개

국의 나라에 번역되어 UN에서 내가 연설하게 되거나, 월수입이 1조 엔을 넘어서고 제아미[50]가 재래했다고 평가받아서 내가 인간문화재로 지정되는 모습을 상상한다. 그러면 만일 기적적으로 1만 부가 팔려서 원래라면 고좋아요혈증에 빠졌을 순간에도 예상했던 양의 10만분의 1밖에 안 팔렸다며 실망하게 된다. 거만해지기는커녕 왜 팔리지 않았는지에 대해서 반성하고 다음번에 더 잘하기 위해 건설적이고 이성적으로 생각할 수 있다. 가만 보면 하등 이성적이지 않지만, 아무튼 1억 배 이상의 의욕이 뿜어져 나오지 않았으므로 그거면 됐다.

"하지만 여러분, 실제로는 1,500부 정도도 팔리기 어려운 게 현실이니 부디 이 책을 계산대 앞까지 가지고 가주신다면 제 지갑에 큰 도움이 될 것 같습니다. 잘 부탁드립니다!"

---

50 1363년에 태어난 일본의 배우이자 극작가. 일본의 전통 가무극인 <노>를 완성한 인물이다.

맺음말

정신을 차리고 보니 어느새 정신과 의사가 되어 있었다. 물론 그렇다고 기억이 사라졌다는 말은 아니다. 의학부에 지원했던 기억도 나고, 의사 국가시험을 본 날도 기억난다. 전공의 시절은 너무 바빠서 거의 흐릿해져 있지만 그럼에도 뇌 속 어딘가에 그 시절의 일들이 분명히 남아 있다. 결국 나는 정신과 의사가 되고 싶어서 정신과 의사가 되었던 게 분명하다.

하지만 이런 일이라고는 솔직히 생각지도 못한 부분은 있다. 실제 진료 현장은 이토록 무서운 것이다. 과장된 표현일지도 모르지만, 상처받은 사람이 눈앞에 나타나면 이 몸 하나로 그 사람에게 어떻게 해서든지 도움을 주어야만 한다. 매번 어떤 사람인지도 모르는 채로 초진이 시작된다. 지식과 경험이 쌓이면서 이해할 수 있는 상처도 있지만 사람들은 또 저마다 다 달라서, 최후의 한 발이라도 잘못 내디뎠다가는 상처를 입힐 수도 있다. 그리고 때로는 나라는 존재가 위기를 맞는다. 하루 종일 우울감을 질질 끌고 다니고, 몇 달 동안이나 불안한 마음을 부여잡고 살아가기도 한다.

물론 어느 정도까지는 의사답게 행동할 수 있다. 약을 처방하고 검사를 하는 일들이 나와 환자를 단단하게 매개해 준다. 그저 태연한 척 의사 역을 연기하면 그대로 일이 잘 끝나는 경우도 적지 않다. 하지만 어떤 순간에는 의사의 역할이 아닌 나 자신으로서 환자와 마주해야만 한다. 환자의 질문에 대답을 해야 할 때 무의식적으로 나오는 반응은 사실 '의사로서'라기보다는, 나 '자신'의 것이기 때문이다. 이는 정신과 의사를 하고 있는 이상 어느 누구에게나 마찬가지겠지만, 세상에는 자신이 개인으로서 환자와 접하고 있는 순간도 있음을 절대 인정하지 않는 의사도 있다.

환자와의 관계 속에서 '나'라는 개인이 드러나면 당연히 그 개인은 다른 직업을 선택했더라면 만나지 않았을 온갖 감정에 노출되면서, 영향을 주고받고 불가역적으로 변질된다. 좋게 말하면 정신과 의사가 되면서 인간적으로 성숙해졌다고 할 수 있을지도 모르겠다. 하지만 반대로 받지 않아도 됐을 온갖 상처를 고스란히 껴안게 되었다고도 할 수 있다. 지금 보이는 풍경과 정신과 의사가 되기 전에 보였던 풍경은 완전히 다르다. 그래서 나는 내가 대체 언제 정신과 의사가 되었는지 때때로 궁금해진다.

이와 함께 나는 왜 시를 쓰는지에 대한 의문이 종종 내 머릿속에 머무른다. 지금까지 내가 해왔던 이야기를 바탕으로 추측해 보면 불가역적으로 변질되어 버렸고, 앞으로도 더 변질될 나를 시라는 형식으로 남겨두고 싶은 것 같다. 물론 이는 시를 쓰는 수많은 이유 중 하나일 것이다.

'윤리적인 사이코패스'라는 제목은 내가 생각해 낸 것이지만 부제 '어느 정신과 의사의 사색'은 편집부의 아이디어다. 그런데 솔직히 '사색'이라는 말이 어딘가 좀 맞지 않는 느낌이다. '굳이 쓰자면 상념 정도가 적당하지 않을까' 하는 생각이 불현듯 떠오른다. 하지만 또 '어느 정신과 의사의 사색 Poetry Writing'이라고 받아들이면 오히려 이 부제가 나와 잘 맞는 것도 같다. 그런 의미에서 이 에세이집은 또 하나의 내 시집 같은 게 아닐까 생각한다. 변질된 현시점에서의 나를 남기기 위한 것 말이다.

본서는 쇼분샤 구즈 씨와 함께 의견을 주고받으면서 썼다. 결과적으로 그가 건넨 아이디어와 지적들을 모두 이 책에 반영하지는 못했다. 하지만 그의 조언으로 생각한 것들, 그리고 그를 최초의 독자로 상정하면서 조금씩 달라져 간 세부적인 부분들이 모여 이 책이 완성되었다. 새삼 다시 읽다 보니 그 점이 분명히 드러나고 있음을 알 수 있었다.

마지막으로 본서에는 참고문헌으로 설명한 것 외에도, 여러 가지 중요한 참고처가 있었음을 덧붙여두고 싶다. 우선 1장에서 언급했던 몇 가지 사고방식은 선배인 미나미타마 병원 내과의 구니마쓰 준와 선생님과 그날의 진료를 되돌아보면서 나눈 대화들이 기반이 되었다. 또한 이렇게 전체를 다시 읽어보니 어디라고 콕 집어서 말하진 못하겠지만, 치료 구조론 연구회의 구리하라 가즈히코 선생님에게서 받은 생각들이 깊게 스며들어 있는 것 같다. '윤리'라는 말의 표현법이나 진료 장면에서의 치료자에 관한 생각은 분명히 모두 내 안에서 나왔다고 생각했는데, 새삼 그 최초의 발생 지점을 거슬러 올라가 보니 직접적인 면식은 없지만 도가시 고이치 선생님의 『당사자로서의 치료자』를 읽은 것이 발단이 되었던 것 같다. 그 외에도 평소 진료에 관해 자주 이야기를 나누는 선생님들이나 과거의 책들로부터 이 책은 많은 영향을 받았다. 책을 낼 때마다 드는 생각인데 이제는 온전히 나에게서 나온 고유의 생각이란 어디에도 없는 것 같다. 이름을 언급한 분 혹은 그렇지 않은 분, 또 진료실에서 이런저런 이야기를 나눴던 환자들을 포함한 모든 분과 쇼분사의 전 직원에게 감사를 표하고 싶다.

2024년 4월 1일

오규 가미유

참고문헌

1장 윤리적인 사이코패스
- 사춘기와 SNS와 나
*   새로운 존재

가타야마 도와코 : 발달적으로 본 청소년기 치료의 기법원칙, 정신분석 연구, 1969, 15-5; 1-6

오코노기 게이고 : 청소년기 정신요법의 기본 문제, 1976 (가사하라 요미시編 : 청소년 정신병리)

이누이 요시스케 : 청소년기 치료에서 'New Object'론과 전이 분석, 1980 (오코노기 게이고編 : 청소년 정신병리2)

2장 노출의 적정선
- 노출의 적정선
**   분석자의 익명성

Kubie, L : Practical and Theoretical Aspects of Psychoanalysis. International Universities Press. 1950

***   노출되는 치료자

오코노기 게이고 : 청소년기 정신요법의 기본 문제, 1976 (가사하라 요미시編 : 청소년 정신병리)

- 다중 관계
****   서적

Michael Balint, Enid Balint. Psychotherapeutic Techniques in Medicine, 1961.

- **의사인 듯, 형인 듯**
***** 천재

Harold Frederic Searles, Countertransference and related subjects, 1979

새로운 영역의 감각을 일깨워
일상을 다채롭게 만드는 곳
공감각

윤리적인 사이코패스
어느 정신과 의사의 사색

ⓒ 2025, 오규 가미유

초판 1쇄	2025년 10월 20일
지은이	오규 가미유
옮긴이	이정미
펴낸이	장현정
책임편집	이영빈
디자인	김희연
마케팅	최문섭, 정동규
경영지원	김태희
종이	세종페이퍼
인쇄제작	영신사
펴낸곳	공감각
등록	2008년 11월 12일(제338-2008-6호)
주소	부산광역시 수영구 연수로 357번길 17-8
전화	051-751-8001
팩스	0505-510-4675
전자우편	ggk_books@naver.com
ISBN	979-11-6826-243-0(03180)

※ 이 책 내용의 전부 또는 일부를 재사용하려면 반드시 저작권자와 출판사의 동의를 받아야 합니다.

※ 가격은 뒤표지에 표시되어 있습니다.

※ 공감각은 새로운 영역의 감각을 일깨워 일상을 다채롭게 만드는 ㈜호밀밭의 출판 브랜드입니다.